# 소리의 문화사

## 축음기에서 MP3까지

# 차례
Contents

# MP3 좀 듣자는데 무슨 말이 그리 많을까?

웹서핑을 하면서 진보네트워크나 음반산업협회 같은 사이트를 조금 돌아다니다 보면 지금도 여전히 MP3를 둘러싼 수많은 주장들과 법조문, 신문 기사 등이 어지러이 널려있는 것을 볼 수 있다. 도대체 MP3 좀 듣자는데 무슨 말들이 그리도 많았던 것일까? 대다수의 네티즌들은 그러한 글들을 보면 그저 골치만 아플 뿐이다. 그러니 얼른 '모두 일이 원만하게 다 잘 되어서' 온라인에는 언제나 좋은 일들만 가득하기를 바랄 따름이다.

이러한 바람은 네티즌들뿐만 아니라 알고 보면 뮤지션들도 그렇고 음반 판매업자들도 마찬가지다. 다만 그 '좋은 일들'이라는 열매에 대한 야무진 꿈들이 서로 180도 다를 뿐이다. 다수의 네티즌들이야 당연히 MP3를 통해 음악을 공짜로 편안하게 평생토록 듣고 싶은 마음이야 굴뚝같았지만 음반 판매업자들은 MP3가 이 땅에서 영원히 사라져주거나 아니면 CD나 테이프가 그랬듯이 자신들만이 제작하고 배포할 수 있는 미디어가 되어주길 갈망하고 있다. 뮤지션들은 뮤지션들대로 MP3의 생존 방식이 어찌 되었든 간에 그저 자신들의 이익이 최대화되는 쪽으로 결론지어지기를 바라고 있다. 그러나 각각의 기대와는 달리, 싸움이 벌어져 왔던 지난 오랜 시간의 기억들이 살짝 귀띔하는 미래의 모습은 '그 어떤 일도 원만하게 잘 되는 경우는 없을 것'에 가까울 것만 같다. 다만 지금 우리가 살고 있는 이곳이 자본주의, 그것도 아주 거시기한 자본주의 사회라는 점을 감안할 때, 한 쪽의 완패는 자칫 음악 산업 전반의 완패로 귀결될 가능성도 적지 않다는 점 또한 고려해야 할 사항이라 할 수 있겠다. 물론 즉각적인 레닌주의 혁명을 도모하거나, 가요 대신 팝송을 들으면 된다고 생각하는 경우에는 이러한 고려가 필요치 않겠지만 말이다.

거의 방관자에 해당하는 다수 네티즌들과는 달리, MP3의 양단을 붙잡고 결투를 벌이고 있는 당사자들은 조금이라도 커다란 전리품을 독점하기 위하여, 혹은 새로운 혜택을 다수의 대중들과 평등하게 나누기 위하여 역사적이고 국제적이며 심지어는 철학적이기도 한 골치 아픈 논쟁을 펼쳐 왔던 것이고 그것이 처음에 이야기했던 바와 같이 이런저런 사이트의 프레임들을 어지럽게 장식해 왔던 것이다.

어쨌든 남이야 뭐라고 하든 지금 듣고 있는 그 MP3는 계속 듣고 계시라. 음악을 열심히 듣는다고 해서 딱히 손해 볼 일은 없으니 말이다. 게다가 MP3에 대한 애정이 커지면 커질수록 "MP3 좀 듣자는데 무슨 말이 그리 많을까?"라는 중얼거림이, '궁금증에 찬 독백'으로부터 '욕심쟁이 영감님들을 향한 분노의 함성'으로 바뀔 수도 있을 테니까 말이다.

지금까지 서설이었는데, 벌써 이 장(章)의 반절이 지났다. '서설이 너무 길었다.' 이 말만 안 했어도 조금 더 이야기할 수 있었을 텐데. 마치 그것과 똑같다. 토론회 자리에 나와 앉은 나이 든 교수가 마이크를 잡고는, "앞의 분들이 너무 말을 길게 하셔서, 저는 어쩌고저쩌고, 님들의 처지를 생각하야, 또 어쩌고저쩌고, 짧게 말씀드리고 물러나겠습니다." 하는 것과 말이다. 그 말 안했으면 조금 더 시간을 아낄 수 있었을 텐데. 어쨌든 나도 그와 똑같은 인생 되겠다.

본론이다. MP3를 둘러싼 정황에서도, 또 인터넷 서점을 둘러싼 이런저런 싸움에서도 알 수 있듯이 뉴미디어 혹은 뉴 인터페이스는 자신의 등장과 더불어 늘 크고 작은 사회적 갈등 및 혼란을 가져오게 마련이다. 어떤 것은 갈등과 혼란을 핑계로 사회로부터 제거되기도 할 터이며 어떤 것은 갈등과 혼란이라는, 마땅히 거쳐가야 할 단계를 지나치며 사회의 새로운 주역으로 자리 잡기도 할 것이다.

오늘날의 MP3가 자신의 등장과 더불어 불러일으킨 갈등과 혼란의 모습은 이미 지난날의 음악 사회, 음악 미디어에서도 아주 똑 닮은 모습으로 등장한 바 있고, 과거의 그러한 갈등과 혼란은 지난한 투쟁의 과정을 거치면서 특정한 모습 혹은 오늘 우리에게 보여주고 있는 바로 그 모습으로 이 사회 속에 자리를 잡았다. 그러면 MP3를 비롯, 오늘 우리 앞에 시도 때도 없이 나타나고 있는 새로운 음악 미디어들은 과연 어떤 모습으로 오늘 이후의 세상 속에 자리 잡게 될 것인가?

사실 뉴미디어들이 어떠한 모습으로 세상 속에 자리 잡게 될 것인지를 예측하기란 그리 쉬운 일이 아니고, 예측만 하는 것도 그다지 옳지 않은 일이다. 왜냐면 미래의 모습은 뉴미디어를 둘러싸고 이해의 희비쌍곡선을 그리게 마련인 어떤 당사자들과 그들을 둘러싸고 있는 수많은 세력들이 펼쳐내는 투쟁의 결과로 이루어지는 것이기 때문이다. 따라서 그저 예측이나 한번 해보고 말 일이라면 그것은 호사가들의 일일 뿐이리라. 반면에 실천하는 사람들의 몫은 그 양상이 자신들의 뜻대로 귀결될 수 있도록 전략과 전술을 짜내어 그 지루하고 골치 아픈 싸움에 참여하는 일이 될 것이다.

전략과 전술을 마련하기 위해, 혹은 새로운 미디어를 이해하기 위해 필요한 일 중 하나가 지난날의 역사를 이해하는 것이라는 생각쯤은 누구나 쉽게 할 것이다. 상투적인 생각이란 이야기다. 그러나 상투적일 정도로 뻔한 그 일의 자리는 현재 비어 있다. 따라서 지금은 역사를 채워 나가는 그 일이 필요한 시점이라고도 할 수 있겠지만, 그 시점이 반드시 지금이라 말하려는 것은 아니다. 필자는 그저, 일상의 과제일 뿐이었던 것을 이제야 뒤늦게 뒤적거리는 셈이다.

무엇을 뒤적거릴 셈인가? 이제부터 펼쳐나갈 이야기는 주로 음악 미디어의 변천을 둘러싸고 사회의 여러 집단들이 벌이는 복수(複數)의 줄다리기에 대한 것이다. 예컨대, 에디슨으로부터 시작해서 축음기가 세상에 처음으로 등장했던 시절의 이러저러한 갈등들, 라디오와 음반업자들의 대립을 통해 생성된 새로운 음악사회의 흐름들, LP와 FM 등의 등장 과정에서 생겨나는 새로운 의미들, MP3 논쟁의 이면에 있는 것들 등등을 에피소드로 엮어서 풀어나갈 생각이다.

과거로의 여행길을 나서다 보면 돌고 도는 이야기들이 적지 않음을 느낀다. 사람 사는 게 결국 다 '거기서 거기'여서 그런가? 어쨌거나, 돌고 도는 이야기들이 쌓이게 되면 하나의 뚜렷한 화살표가 만들어지는 것이 아닌가 싶다. 더욱 멀리서 조망해 보면, 그 화살표들이 또 다시 돌고 돌아가는 모습의 찰나에 불과할지라도 말이다. 그리고 시간이 허락한다면 그 길을 돌고 또 돌아가면서 많은 사람들과 함께 이런저런 대화도 나누고 싶다. 대화 속에서 다른 지혜들과 많이 만나 풍성한 얼매를 맺을 수 있길 바리기 때문이다. 그 얼매의 꿈들이 결국은 제각각이 되어 또다시 새롭고 지루한 줄다리기를 시작해야만 할지라도 말이다.

# 바비큐와 번데기가 맞장 뜨던 날: 에디슨 쓸쓸히 퇴장하다

'대량생산'과 '대량소비'는 자본주의 혹은 근대의 특징으로 일컬어진다. 근대적인 사회가 구성되는 동안 '대량(mass)'이란 놈은 근대의 의미를 드러내는 주요한 속성으로 자리 잡았다. 문화로 밥 벌어먹는 동네에서도 '대량생산 및 소비'의 형태는 예외 없이 나타나서 그 가치를 둘러싸고 적지 않은 학자들이 여러 가지 견해들을 내보였다.

'문화 산업'이라는 단어를 들으면 떠오르게 되는 아도르노와 벤야민은 그러한 학자들 중 비교적 유명한 사람들에 속한다.(물론 벤야민보다는 아도르노가 더 유명한 것 같다. 아도르노는 아래아한글의 맞춤법 검사를 멀쩡하게 통과하지만 벤야민의 이름 밑에는 뻘건 줄이 쭉 그어진다. 그런 이름 들어본 적이 없다는 뜻이렷다.) 두 사람은 모두 나치 치하 유태인으로서의 고달픈 삶을 살았었는데 아도르노는 '대량'을 혐오하는 경향이 있었던 반면 벤야민은 그것을 새로운 사회진보의 계기로 받아들였던 것 같다. 벤야민은 '대량'에 대해서 예술의 생산수단에 대한 민주적 접근의 계기가 마련되었다거나 혹은 '아우라'가 상실된 예술 작품은 이제 생산자가 아닌 소비자들에 의해 그 의미들이 만들어진다거나 하는 식의 이해를 세상에 내놓았다.

축음기의 등장과 함께 음악 분야에서도 대량생산·대량소비 체제가 본격적으로 시작되었다. 물론 이보다 먼저 교향악단이란 것이 등장할 무렵에도, 인쇄된 악보가 팔려나갈 무렵에도, 근대적인 극장이 생겨나던 무렵에도 일정한 수준에서의 대량화는 이루어졌었지만 축음기와 함께 구축된 대량 체제에 비할

만한 것은 아니었다. 축음기가 등장한 후 음악은 시간과 공간적 제약을 극복하였다. 예컨대 이태리의 명가수 카루소는 20세기 초반의 이태리, 미국에만 존재한 것이 아니라 망망대해를 건너 당대의 일본과 한국에까지 자신의 존재를 알릴 수 있었다. 또한 사람들은 한 세기라는 시간을 훌쩍 뛰어넘어 오늘날에도 여

카루소 레코드 광고. 레코드를 통해 그의 목소리가 영원히 기억될 것임을 강조하고 있다.

전히 그의 육성과 마주할 수 있게 되었다. 카루소는 그 당시에 하나의 음반 타이틀만으로 100만 장 이상의 판매를 기록하기도 하였는데 이것은 축음기가 나오기 이전의 상황과 비교했을 때, 질적으로 전혀 다른 생산과 소비가 이루어지고 있음을 웅변해 주는 것이었다.

그런데 축음기는 어떻게 해서 세상에 나타났을까? 에디슨이 축음기를 최초로 발명한 사람이라는 사실은 익히 잘 알려져 있는 편이다. 물론 에디슨이 처음으로 전구를 발명한 사람이 아님에도 많은 사람들의 기억에는 에디슨이 '전구를 최초로 발명한 사람'으로 기억되는 것과 마찬가지로 축음기의 원리 역시 에디슨의 '천재적 발상'에 의한 경이적인 발명인 것은 전혀 아니다. 에디슨의 축음기 제조 이전에도 사람들은 기계를 통한 소리의 재현에 적지 않은 관심을 기울여 왔었고, 몇몇 과학자들에 의해 소리의 발생 원리는 이미 해명되어 있었기 때문이다.

1857년에 이미 레옹 스코트(1817~1879, Leon Scott de Martinville)라는 프랑스 발명가에 의해 '포노오토그래프'라는 음향 기록 기기가 발명되었는데, 이는 축음기와 거의 동일한 작동원리의 것이었고, 에디슨의 '포노그래프 phonograph'보다도 20년 앞선 발명품이었다. 포노오토그래프가 이후의 축음기와 달랐던 점은 소리를 기록하는 데만 그치고 기록된 것을 재생하지는 못했다는 것이었다.

한편, 소리의 기록은 물론 소리의 재생까지 가능한 축음

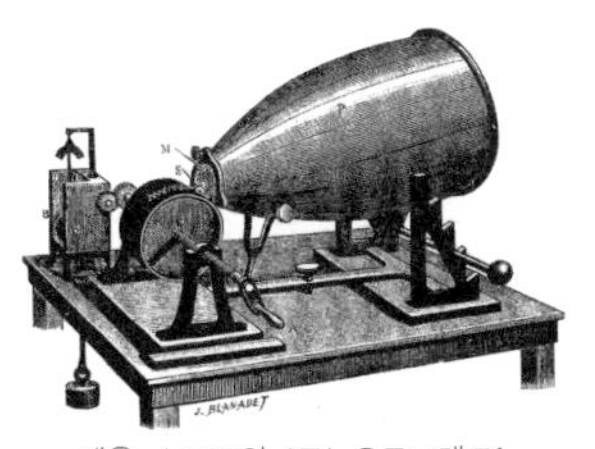

레옹 스코트의 '포노오토그래프'.

기를 에디슨보다 먼저 고안한 사람도 있었는데 샤를 크로스(1842~1888, Charles Cros)라는 프랑스의 시인 겸 발명가가 그 주인공이다. 에디슨이 축음기에 관한 특허를 신청한 때가 1877년 12월이었던 데 비해 샤를 크로스는 그보다 약 8개월 앞선, 같은 해 4월에 축음기의 발명 계획을 프랑스 과학 아카데미에 제출하였고 그것을 '펠리어폰 Paleophone'이라고 명명하였다. 그러나 불행히도 그는 자신의 고안을 실제 제품으로 완성할 만한 돈을 갖고 있지 못했다. 반면에 에디슨은 그러한 돈을 충분히 갖고 있었으므로 역사책에 자신의 이름을 올릴 수 있었다. 역사에 이름 석 자를 남기려 할 때도 돈 있는 자가 우선인 것일까? 어쨌든 처음으로 완제품 형태의 축음기를 생산해 낸 것은 결국 에디슨이었다.

잠시 에디슨 이야기를 몇 마디 덧붙이자. 천재적 발명가라는 수식어보다는 사업 수완이 아주 뛰어났던 자본가로 에디슨을 이해하는 것도 그리 틀리지는 않을 것 같다. 제너럴일렉트릭(GE)이라는 거대기업의 초기 창업자였던 에디슨은 세 가지 사업에서 크게 실패한 것으로 알려져 있다. 전력, 광산, 그리고 축음기 사업이 그것이다. 에디슨이 사업에 실패한 요인은 여러 가지가 있겠지만 그 중 눈에 띄는 것 하나는 '대량'이라는 개념이 그에게 없었다는 점이다. 전력 사업의 경우 전력을 대량으로 생산하고 송전할 수 있는 시스템인 교류 전류를 사용하라는 부하 직원의 충고를 무시하고 소규모 시스템인 직류에만 배팅하였다가 낭패를 본 것이다. 그리고 자신이 발명한 영사기의 경우에도 '키네토스코프'라는 1인용 기계에 집착하며 여러 대중들이 함께 볼 수 있는 영사 기술을 한동안 외면하기도 했다. 에디슨의 이러한 인식상의 결함은 축음기에서도 마찬가지로 드러났다.

에디슨이 포노그래프라는 이름으로 축음기를 상품화한 이후, 전화 발명가로 우리에게 친숙한 그레이엄 벨 역시 찰스 테인터라는 유능한 기술자와 손을 잡고 '그래포폰 graphophon'이라는 축음기를 개발하여 레코드 시장에 뛰어들었다. 얼마 후 레코드 기술의 역사에서 가장 굵은 획을 긋는 발명이 이루어지는데, 독일 출신의 에밀 벌리너(1851~1929, Emile Berliner)라는 사람에 의해 '그라모폰 gramophone'이 등장한 사건이 바로 그것이다. 그라모폰은 먼저 이야기했던 에디슨과 벨에 의해 만들어진 포노그래프, 그래포폰 등과 근본적으로 다른 차이점을 가지고 있었다. 전자의 경우 음반의 형태가 원통형(cylinder)으로 만들어졌던 반면 그라모폰은 원반형

1910년대 에디슨 축음기에 사용되던 원통형 레코드.

(disc)으로 만들어졌던 것이다.

　당시 표준화 경쟁을 벌였던 원통형 축음기와 원반형 축음기의 장단점을 비교해 보면, 소리를 기록하고 재생하는 기능의 측면에서는 원통형이 더 우수했다. 우선 원통형 축음기는 원반형 축음기와는 달리 녹음 기능을 포함하고 있었다. 20세기 초 인류학자들이 세계 이곳저곳을 돌아다닐 때 들고 다니던 것이 바로 이 원통형 축음기였다. 그들이 마주치는 새로운 세계의 음향들을 채록하기 위해 축음기는 필수적인 기기이기도 했다. 또한 에디슨이 축음기를 발매하면서 사용한 광고에서는 축음기의 주요 용도로 '속기사 대용'이 제시되기도 했다. 또한 축음기 광고를 위해 당시에 제작된 영상물 역시 '더 이상 속기사가 필요하지 않음'을 알리는 에피소드로 이루어져 있다. 이러한 녹음 기능은 그라모폰과는 아주 다른 특징이었다.

　종진동(縱振動) 방식으로 음을 재현하는 원통형 레코드는 음질 면에서도 횡진동(橫振動) 방식의 원반형 레코드보다 우월했던 것으로 알려져 있다. 뿐만 아니라 축음기의 회전 속도에서도 원반형보다 훨씬 안정적인 속도를 유지한 것으로 많은 사람들이 이야기하고 있다. 즉, 원반형 레코드는 음반이 돌아가는 속도가 일정치 못했다는 이야기이다. 그럼에도 불구하고 우리가 지금 사용하는 각종 음악 저장 매체들은 둥그런 원반형 스타일들이 지배적이다. 그리고 당시의 표준화를 둘러싼 경쟁 속에서도 결국 원반형이 원통형을 제압하였다. 하지만 앞의 내용에서 보듯 당시의 오디오 제품으로서는 원통형 방식이 원반형 방식보다 질적으로 우월했던 것을 알 수 있다. 그렇다면 과연 무엇이 원통형 방식의 문제였을까?

원통형 레코드와 원반형 레코드의 모양새를 비교해서 보면 누구나 직관적으로 떠올릴 수 있는 원통형의 결정적 단점이 있다. 그것은 맨 앞에서 장황하게 이야기했던 '대량'에 관한 문제였다. 원통형 레코드는 대량 생산에 적합하지 못한 외형을 지니고 있었다는 뜻이다. 이에 반해 원반형 레코드는 생긴 걸 통해서 쉽게 알 수 있듯이 뻥튀기 찍어내듯 펑펑 찍어내기에 아주 적당한 모습을 갖고 있었다. 에디슨은 원반형으로 제작된 경쟁 상품을 보고서도 계속 자신이 고안한 원통형 스타일을 고집했다. 그래서 한동안은 원통형 축음기 앞에서 뮤지션들이 '쓰러질 때까지' 반복해서 노래와 연주를 반복해야 하는 웃지 못할 에피소드도 연출되었다. 나중에 에디슨도 대량 생산을 위한 설비를 개발했으나 그럼에도 불구하고 원통형에는 원반형에 내재된 양산성과는 비교가 될 수 없는 태생적인 한계가 있었다. 결국 에디슨은 축음기 사업을 포기한 지 2년 후 세상과 이별을 고하게 되었다.

'음질이 떨어지는 미디어가 선택되었다'는 것은 이 과정에서 주목할 만한 점이다. 세상과 대중들은 단순히 나은 음질만을 향해 단선적으로 진보하는 것이 아니라 다양한 매개변수들을 종합해서 새로운 음악 미디어를 선택한다는 것이다. 원반형 레코드와 원통형 레코드의 경쟁 과정에 끼어든 비음악적

변수 가운데에는 근대의 주요한 속성인 '대량'의 문제가 잠복해 있었다. 당시의 대중들에게 '대량'이라는 시스템은 소수의 전유물이었던 재미와 행복이 보다 폭넓게 배분된다는 의미로 다가오지 않았을까 싶다. 그 시기는 자본주의가 혹은 근대가 삶의 진보를 향한 도정에 질곡의 족쇄를 채우기보다는 더 많은 자유와 더 벅찬 해방의 추진력으로 작용하던 시절이었을 것 같기 때문이다. 그리고 '대량'화를 통한 축음기의 일상화는 그 시절 원통형 레코드 대신 원반형 레코드를 선택함으로써 빚어진 사회와 대중들의 일보후퇴가 전혀 후회스럽지 않을 만큼 충분히 백보천보의 음향 기술적 전진을 이루어냈다. 물론 그와 같은 '대량'의 추진력과 생산력 뒤에는 공황이라는 시한폭탄이 언제나 그림자처럼 드리우고 있었다는 것 또한 기억할 가치가 있는 일이지만 말이다.

# 라디오가 없었다면 엘비스도 없었다, 오버

엘비스 프레슬리(1935~1977, Elvis Presley)라는 가수가 있었다. 그의 유명세는 세상을 떠난 지 30년이 다 되어가는 오늘날에도 여전할 뿐만 아니라 미국이라는 특정한 땅덩어리를 뛰어넘어 전 세계적으로도 널리 드리워져 있다. 한국에서도 그의 흔적을 만나보기란 그다지 어려운 일이 아니다. 지금도 전국 각지의 맥주 바, 놀이공원, 방송국의 노래자랑 프로, 개그 프로그램 등을 통해 과거의 그의 모습이 다양한 방식으로 재현되고 있으며, 그와는 아무런 상관없는 오늘 한국의 어린 아이들도 엘비스 프레슬리가 어떻게 생긴 사람인지 대충은 알고 있다.

알다시피 엘비스는 1950년대부터 1970년대를 주름잡은 미국의 전설적인 팝 스타 혹은 록 스타이다. 수많은 히트곡도 히트곡이지만 엘비스에 이르러 블루스 음악과 컨트리 음악의 만남이, 다시 말해 흑인음악과 백인음악의 조화를 이룬 노래들이 대중들에게 본격적이자 대대적인 스케일을 구가하며 전달되었던 것이다. 사람들은 이러한 음악을 '록 혹은 록앤롤'이라고 불렀으며, 오랜 기간 동안 그런 스타일의 음악들에 대한 학문적인 연구가 수반되었다. 그리고 그와 같은 학문적 경향은 지금도 계속 확산되어 가는 중이다.

제목으로 돌아가 보자. 과연 라디오가 없었다면 엘비스의 존재도 불가능했을까? 아마 그랬을 것 같다. 그렇다면 라디오가 엘비스의 등장에 가장 큰 영향을 끼쳤을까? 그건 모르겠다. 그러나 곰곰이 생각해보면 앞의 추측, 즉 '라디오가 없었다면 엘비스도 없다'는 추측도 조금 오버일 것 같다는 느낌이 괜스레 다가오기는 한다. 그럼에도 제목에서 '오버'를 감수하면서까지 그와 같은 주장을 한 이유가 없지는 않으니 그에 대해 잠깐 이야기를 풀어볼까 한다.

지금의 MP3와 온라인이 그렇듯이, 20세기 초반의 획기적인 뉴미디어라 할 수 있었던 '라디오'의 출현은 당시의 음반 산업 구도에 적지 않은 파장을 몰고 왔다. 19세기 말 사람들에게 첫 선을 보인 레코드 하드웨어 및 소프트웨어 산업은 지속적인 발전을 거듭해 나갔다. 그러다가 두 방의 하드펀치를 맞고 일시적으로 다운되기도 하였는데 그 펀치 중의 하나가 1930년대의 세계 대공황이고 나머지 하나는 그보다 약간 앞

선 시기에 벌어진 라디오의 대중적 확산이었다. 대공황으로
인한 음악 산업의 불황은 자본의 생존을 위한 야만적인 전쟁,
그리고 흘러가는 시간이 해결해 줄 수 있었다. 그러나 그와 다
르게 라디오의 세력은 줄어들기는커녕 팽창을 거듭하였다.

1920년대 이래의 라디오가 레코드보다 뛰어난 경쟁력을 가
졌던 까닭의 핵심은 무엇보다도 지금의 MP3와 마찬가지로
‘공짜’로 음악을 들을 수 있었다는 점이었지만, 오로지 그것만
은 아니었다. 라디오 산업은 레코드 산업과 달리 전기 음향장
비의 기술을 일찌감치 적용했기 때문에, 그리고 마찰에 의한
잡음에서 벗어날 수 없었던 디스크와 달리 물리적 접촉에 의
한 잡음으로부터 자유로웠던 전파(radio)를 사용했던 까닭에
라디오를 통해 흘러나오는 라이브 음악의 음질은 어쿠스틱 녹
음 시대의 레코드보다 오히려 뛰어났었다는 점도 사람들이 라
디오를 선호하게 된 하나의 이유였다.

이러한 상황은 결과적으로 레코드 산업을 자극하여 본격적

인 전기 녹음을 통한 '비교적 Hi-Fi' 사운드의 시대를 앞당겼다. 그 후 라디오와 레코드 산업은 동반자로서의 공생과 발전을 경험하였다. 이는 단순히 음반이 방송에 많이 노출되면 음반 판매고가 올라가고 하는 수준을 넘는 것이어서 레코드 회사와 라디오 회사라는 거대 자본들의 합종연횡으로 이어지기도 했다. 공황의 여파와도 관련이 있지만 1930년대에 이르게 되면 최대 라디오 회사였던 RCA와 최대 음반회사였던 빅터(Victor) 레코드가, 그리고 역시 그에 못지않은 규모였던 라디오 네트워크인 CBS와 콜롬비아(Columbia) 레코드가 합병되었다. 한편, 레코드라는 미디어가 라디오라는 미디어와 결과적으로 공생의 관계를 맺게 된 것과는 달리 뮤지션들이나 작곡자들의 경우에는 사정이 많이 달랐고, 그들은 당대로 따지자면 '어둠'이라고 부를 만한 시절을 더 오랫동안 견뎌내야 했다.

비교적 요즘의 이야기지만 미디(MIDI: Musical Instrument Digital Interface)라고 통칭되는 새로운 방식의 음악 인터페이스가 출현한 이후, 그리고 노래방이리는 새로운 유흥 공간의 출현 이후 한국의 밤무대 뮤지션들 상당수는 일지리를 잃었다. 「와이키키 브라더스」라는 한국의 영화에서도 얼핏 느낄 수 있듯이 뮤지션들은 밤무대, 스튜디오, 방송 등에서 차례차례 설자리를 잃어갔다. 마찬가지로 20세기 중반의 미국에서도 라디오라는 뉴미디어의 세력 확장은 음반의 로열티와 라이브를 업으로 살아가는 저작권자들과 연주자들에게 커다란 위협으로 다가왔다. 그들에게는 합병의 대상도 사업 다각화의 재주도 없었고, 라디오라는 뉴미디어가 초래한 현실의 변화는 그저 음악을 할 수 있느냐 아니면 그 판에서 '구조조정'되느냐의 문제로 다가올 뿐이었다.

결국 1941년 벽두부터 미국의 잘나가는 소수 저작자 및 음반 제작자들로만 구성된 이익단체인 ASCAP(American Society of Composers, Authors, and Publishers: 미국 음악계의 대표적인 저작권 협회)는 1년간에 걸친 극단적인 투쟁을 선택하게 되었다. 투쟁의 목적은 자신들의 작품에 대한 방송 로열티의 분배 비율을 올리기 위한 것이었는데, 방송국들과의 협의가 무산되자 자신들이 저작권을 가진 모든 음악에 대해 방송 송출불가 투쟁을 벌이게 된 것이다. 말하자면 당대의 거의 모든 히트곡과 유명 가수들의 작품에 벅스뮤직에서 늘 답답한 마음으로 마주쳐 왔던 '음반사 가처분 신청'과 같은 일이 일어난 것이었다. 이어서 1942년에는 연주자들의 이익단체인 AFM (American Federation of Musicians)이 모든 녹음과 일체의 방송 출연을 거부하는 등 2년간에 걸친 강력한 파업에 돌입하였다. 한마디로 기존의 인기 대중음악들이 방송에서 일시에 자취를 감추는 초유의 사태가 연속해서 벌어진 것이었다. 이는 곧 구(舊)미디어에 길들여져 있는 세력과 라디오라는 뉴미디어 사이에서 벌어진 초강경 투쟁이었다 할 수 있다.

한편 위에 소개된 이익단체들은 미국, 백인, 중산층이라는 말과 그 이미지가 오버랩된다. 흑인 뮤지션들은 AFM에 가입

조차 할 수 없었고 ASCAP는 뉴욕, 브로드웨이의 흥행사들을 대변하는 집단이었다. 이 집단들에 의해 만들어졌던 음악은 틴 팬 앨리(Tin Pan Alley) 팝이라 불리기도 하는 빅밴드 재즈와 스탠더드 팝 계열의 노래들이 주종을 이루었다. 요즈음과 비교하자면 빅밴드 재즈의 유행 덕택에 직접적인 메시지를 전달하는 보컬 파트보다 악기 파트가 상대적으로 중시된 스타일의 음악이 당시 미국 대중음악의 주류를 형성한 것이다.

'어부지리(漁父之利)'라는 말이 있다. 둘이 다투고 있는 사이에 제3자가 엉뚱하게 이익을 낚아챈다는 말이다. 음반사나 방송사에 비해 상대적으로 약자에 속했던 연주자들과 저작자들도 유색인종이나 변방의 뮤지션들과 비교하면 사실상 '기득권 세력'이었다. 라디오라는 미디어를 둘러싼 싸움은 알고 보면 상대적으로 크고 작은 두 기득권 세력 사이에서 벌어졌던 것이다. 이 와중에서 가장 크게 수확된 열매는 뜻밖에도 '음악적 소수자들' 혹은 '비주류 뮤지션들'에게 돌아갔다.

기타를 멘 채로 연주는 하지 않고 노래만 부르는 엘비스 프레슬리의 모습. 그는 종종 기타를 액세서리로 활용하곤 했다.

록 음악이나 리듬 앤 블루스 등의 음악이 지금은 우리들에게 친숙하고 미국 팝을 대표하는 느낌으로 다가오지만 앞에서 이야기했던 투쟁이 벌어지기 전까지는 모두 비주류, 언저리에 자리 잡고 있던 음악들이었다. 백인 중산층의, 백인 중산층을 위한, 백인 중산층에 의한 음악들은 방송에서 자취를 감춘 반면 그들에 의해 배제되었던 음악적 소수자들의 작품들이 방송을 통해 송출되기 시작하였고 흑인 뮤지션들은 방송에서 연주할 기회를 폭넓게 얻을 수 있었다. 이때 비로소 흑인들의 음악이었던 리듬 앤 블루스와 시골 백인들의 음악이었던 컨트리 앤 웨스턴이 주류 사회로 진입하는 데 성공하였다. 순응적이고 가족적이며 대책 없이 흥겹고 평화롭고 로맨틱했던 틴 팬 앨리의 음악 대신 거칠고 원초적이며 불경스러운 블루스, 자의식이 상대적으로 뚜렷했던 컨트리가 대중음악의 중심 자리를 꿰차게 된 것이다. 게다가 연주자들의 파업으로 인해 아카펠라 음악이 '어쩔 수 없이' 양산되어 대중들에게 전달되었고 이에 따라 상대적으로 보컬 파트의 음악적 위상이 상승하면서 음악의 문학적 측면이 다시 강조되기 시작하였다. 라디오라는 뉴미디어와의 전투에서 보다 큰 승리를 고대했던 기존의 저작권자 그룹들은 그들에게 조금의 해도 입히지 못하고 거꾸로 자신들 스스로를 벼랑으로 내몰아버린 셈이 된 것이다.

지금 돌이켜 보면 사실상 뮤지션들의 두려움과 거기서부터 비롯된 극단적 처세가 상당한 착각으로부터 비롯된 것이었음을 알 수 있다. 실제 라디오를 자신들의 적으로 생각하지 않고 시작부터 공생관계로 여겼던 캐피틀(Capital)이라는 레코드 회사는 설립되자마자 라디오와의 상호 공생을 통해 손쉽게 정상급 레코드 회사로 발돋움하였다. 어쨌든 록 음악이 이처럼 웃을 수만은 없었던 거대한 해프닝을 딛고 비주류 속에서 피어난 음악이었다고 해도 그렇게 과장된 것은 아니리라.

다시 맨 처음으로 돌아가자. 엘비스 프레슬리는 블루스와 컨트리가 혼성된 음악이자 록 음악의 시원에 해당되는 '로커빌리'라는 음악으로 표상된다. 라디오가 없었다면 그의 음악은 대대적인 성공을 거두기는커녕 주류 사회에 진입하는 것조차 불가능했을 것이 분명하다. 그것을 '라디오 덕택'이라고 단정적으로 정의할 수는 없겠지만 반대로 그것은 라디오가 만들어낸 새로운 사회적 상황을 제외하고는 상상할 수 없는 광경이기도 했다.

라디오라는 새로운 미디어가 등장함에 따라 음악 산업을 이끌어오던 기성의 집단들은 우왕좌왕하였고 새로운 종류의 젊은 청중들이 빠른 속도로 성장해 나가게 되었다. 그리고 묵묵히 자신들의 음악을 하던 변방의 뮤지션들이 그와 같은 혼란의 틈새 속에서 어부지리 격으로 뉴 미디어의 대표적인 수혜자가 될 수 있었다. 이 결과는 1970년대를 거치면서 뮤지션들이 음악 산업 위에 군림하는, 또 한 번 별난 상황의 작은 출발점으로 다시 돌고 돌아가는 새로운 전기를 마련하게 된다.

# 음반 기술의 놀라운 혁명, LP!

## 열 장의 음반이 단 한 장에 몽땅 옮겨지다

우리는 레코드의 모양이 둥글납작한 것에 대해서 아무런 의심도 호기심도 갖지 않는다. 그건 원래 그런 것이기 때문이다. "원래는 그런 모양이 아니었다!"라고 목청 드높여 외쳐봤자 '조국과 민족'에게 아무런 도움이 될 것은 없겠지만, 그래도 레코드는 본디 그런 모양이 아니었다. 글의 앞부분에서 이야기했었지만 음반은 원래 원통형 혹은 실린더형의 모양에서 출발했었던 것이다. 후에 벌리너에 의해 오늘날의 둥글납작한 쟁반 모양의 레코드가 고안되고 전파되었던 것 역시 아까 살펴보았던 내용이다.

19세기 말에서 20세기 전반에 만들어졌던 여러 음반들이 훗날의 음반들에 비해 가지고 있던 특징들 중 비교적 눈에 잘 띄는 것은 아마도 음반이 돌아가는 빠르기일 것이다. 그것은 단순히 '78'과 '45', '33과 3분의 1'이라는 숫자 차원의 구별에 그치는 것이 아니다. 초창기 세상에 선보였던 음반들은 회사에 따라, 또 녹음 당시의 날씨, 엔지니어의 기분, 공급되는 전기의 성질 등 여러 자질구레한 사정에 따라 녹음 속도가 각양각색으로 이루어졌다. 심지어는 소리를 기록하는 과정에서 벌어지는 바늘의 마모(磨耗) 현상과 그에 따른 마찰력 때문에 노래 한 곡이 재생되는 과정에서도 미세한 빠르기의 차이를 보인다.

이런 들쭉날쭉한 음반의 빠르기 문제로 인해, 레코드 플레이어의 턴테이블이 돌아가는 속도를 자유자재로 조절할 수 있게 되어 있던 제품도 많았다. 초창기의 축음기는 폼 나는 음악 감상용이라기보다 진기한 과학상품에 가까웠다. 때문에 사람들은 레코드의 회전수를 정확히 하여 가장 표준적인 상태에서 음악을 감상했을 수도 있지만 한편으로는 턴테이블의 빠르기를 자기 취향대로 조절하여 멋대로 음악을 조작해가면서 감상했었을 것도 같다. 왜 그런 거 있지 않나. 음반 빨리 돌리면 좀 웃겨지거나 귀여워지는 것 말이다. 그런 소리를 듣게 되면 당시 사람들도 재미있어 하지 않았을까?

어쨌든 이런 이유 때문에 윤심덕의 '사의 찬미'든 뭐든 간에 옛날의 음반들을 들으면 다만 웃음이 흘러나올 뿐 우리가 정말 그들의 노래를 제대로 들은 것인지는 사실 잘 알 수가 없는 형편이다. 레코드의 회전수를 원래의 빠르기보다 대략 네 바퀴 정도 빠르게 돌릴 경우 전체 음악의 음높이(pitch)는 반 음이나 상승한다. 만일 윤심덕의 '사의 찬미'가 70회전으로 녹음이 이루어졌다고 가정한다면 우리들이 현재 듣고 있는 윤심덕의 목소리는 실제 윤심덕의 목소리가 아니라 '테이프를 빨리 돌려서' 음높이가 무려 두 계단이나 올라가버린 혹은 우스꽝스러워진 목소리일 수 있는 것이다. 그래서 당시에 새롭게 등장했던 것이 바로 78RPM(Round Per Minute)의 SP음반이다. 78RPM이란 곧 턴테이블이 1분에 78번 돌아간다는 것을 뜻한다. 어떤 사람들은 LP가 롱플레잉(Long Playing)의 약자이므로 롱다리, 숏다리를 연상하여 SP를 숏플레잉(Short Playing)으로 알고 있기도 하지만, 또 사실 그렇게 쓴다고 해서 누구 하나 손해 볼 사람도 없겠지만 어쨌든 SP는 원래 스탠다드 플레잉(Standard Playing)의 약자다. 표준화되고 규격화된 음반이란 뜻이며 이러한 단어의 존재 자체는 역으로 레코드의 회전수가 들쭉날쭉했던 시절이 있었음을 반증하는 것이기도 하다. 앞에서 말했던 것처럼 여러 종류 레코드들의 회전수를 규격화해야만 사람들은 어떤 전축으로 어떤 뮤지션의 음악을 듣던 간에 가장 적절하고 실제에 가까운 음악 청취 환경을 마련할 수 있었던 것이다.

다소 '거만한 엘리트'적인 분위기를 발산하는 독일의 인기 철학자이자 음악비평가였던 아도르노와 같은 이들이 한창시절에 경험했던 대중음악의 미디어, 즉 SP레코드의 특징은 재질이 아주 약해 깨지기 쉽고 잡음은 심란할 정도로 많으며 재생주파수 범위도 전화기에서 들리는 소리마냥 지금에 비해서는 턱없이 좁다는 것이었다. 지금의 관점으로는 그런 매체로 음악을 듣는다는 것이 어이없는 일로 여겨질 수도 있을 정도로 아주 낮은 수준의 음질이었다. 게다가 78RPM이라는 빠른 회전 속도, 그리고 아직 미숙한 프레스 기술 때문에 음반 한 장에는 4분 안팎을 넘어서는 길이의 음악 수록이 불가능하였다. 노래 한 곡만 달랑 들어갈 수 있었다는 말이다. '싱글 음반'이란 말은 이런 연유로 생겨난 것이다. 따라서 브로드웨이의 쇼나 클래식의 교향곡 등 길이가 긴 레코드를 듣기 위해서는 쉴 새 없이 레코드를 뒤집어 주고 갈아 끼워주고 해야만 하는 육체적·청각적 불편함을 감수해야 했다. 그러나 전쟁을 거치면서 플라스틱 기술, 음향기술, 프레스 기술 등이 크게 발전함에 따라 한층 발전된 과학기술적 배경을 등에 업은 새로운 레코드, LP가 등장하였고 그러한 불편함은 상당 부분 해소될 수 있었다. 1948년의 일이었다.

LP가 이전의 SP에 대해 가지는 특징은 한마디로 '다 좋아졌다'는 말로 요약할 수 있다. 그래도 뭐가 제일 좋아졌냐고 굳이 캐묻는다면 아마 많은 사람들이 '재생시간의 확장' '재생주파수 영역의 확대' 등을 우선석으로 꼽을 것이다.

콜롬비아 레코드사에 의해 처음으로 개발되었던 당시의 LP는 그 물리적인 특징이 다음과 같았다. 1분에 33⅓ 회전, 음구

막 개발된 LP레코드를 선보이고 있는 이는 콜럼비아 레코드사의 개발자였던 피터 골드마크. 그의 옆으로 높다랗게 쌓여있는 SP음반의 레퍼토리와 그가 손에 쥐고 있는 LP음반의 레퍼토리는 같은 분량이라는 것을 득의양양한 표정을 지으며 자랑하고 있다.

(音溝; 바늘이 지나갈 수 있도록 만드는 음반 표면의 아주 얕고 좁은 홈. 영화 필름의 가장자리에 자리한 사운드 트랙도 음구라고 부른다)의 폭은 1,000분의 1인치로 SP음반의 3분의 1 수준, 원반의 지름은 12인치였다. 이러한 새로운 포맷을 통해 처음에는 한 면당 22분가량을 녹음할 수 있었다. 그로부터 1년여의 시간이 지난 후에는 커팅 기술의 발전에 따라 30분에 이르는 녹음 시간을 확보할 수 있게 되었다. SP에 비해 거의 10배 가까운 길이를 재생할 수 있게 된 것이다. 따라서 이전에는 노래 10곡을 듣기 위해서 최소 다섯 장의 SP를 필요로 했으나 이제는 단 한 장의 LP에 그 노래들을 다 담을 수 있었다. 조금 짧은 노래라면 10장의 SP음반까지도 한 장의 음반에 모두 수록할 수 있게 된 것이다. 이는 마치 MP3의 등장으로 CD 한 장에 LP음반 10여 장이 들어갈 수 있게 되었다는 디지털의 놀라운 경험과 비슷한 것이었다. 게다가 음반의 두께도 SP에 비해 상당히 얇아져서 방 안의 수납공간에는 놀랄 만큼의 여유가 생겨났다.

그러나 이 LP라는 새로운 음반 포맷도 그저 순조롭게 정착한 것만은 아니다. 새로운 음반의 포맷을 두고 음반사 사이에서는 표준 규격을 선점하기 위한 싸움이 벌어졌고 그 싸움은 45회전 혹은 $33\frac{1}{3}$회전이라는 두 가지 포맷의 공존으로 귀결되었다. 콜롬비아레코드를 필두로 한 다수의 레코드 회사는 LP의 포맷으로 $33\frac{1}{3}$회전 표준을 선택했지만 가장 막강한 음반사 중 하나였던 RCA빅터는 45회전 표준을 선택했다. 결국 어느 하나가 사라지는 대신 음악의 성격 차이에 기초한 공존의 방식을 선택한 것이다. 한꺼번에 60분이나 되는 많은 곡을 담아야 할 필요가 없던 POP 음악에서는 45회전 음반이, 교향곡이나 오페라처럼 장시간의 재생이 필요했던 서양의 클래식 음악에서는 주로 $33\frac{1}{3}$회전 음반이 많이 사용되었다. 한국에서는 싱글 음반이 거의 자리를 잡지 못해 45회전 음반이 낯설지만 싱글 음반이 잘 정착되어 있던 나라들의 경우에는 $33\frac{1}{3}$회전 포맷의 음반 외에도 45회전 음반이 상당한 비중을 차지했다. 싱글 음반의 성격으로 흔히 사용되었던 45회전 음반은 EP(Extended Playing)라고도 불렸다.

LP의 등장이 음악 사회에 가져온 중요한 변화의 하나로는 본격적인 앨범(Album) 체제의 등장을 말할 수 있을 것이다. 음반이 앨범의 외양을 띠고 나타났던 것은 SP 시대에도 존재했던 것이지만 SP 시대에는 앨범이 조금 특별하고 드문 경우에 해당했다. 반면 LP의 등장은 음악 창작을 하는 과정에서 뮤지션들로 하여금 앨범 포맷을 작업의 당연한 전제로 삼도록 하였고, 앨범의 형태로 음악을 창작하는 것은 이제 EP 포맷의

SP음반으로 이루어진 앨범. 하나의 겉표지 속에 여러 장의 음반이 들어있다.
음악에서의 '앨범'이라는 표현의 시작은 말뜻 그대로 사진 앨범과 같은 외양에서 비롯된 것이다.

싱글 형식으로 창작하는 것만큼 혹은 그 이상으로 상식적인 일이 되었다. 앨범의 등장은 뮤지션들의 사회적 지위를 엔터테이너에서 아티스트로, 조금 강하게 말해자면 딴따라에서 예술가 대접을 받을 수 있도록 도와주었다. 그냥 낱장으로 팔려 다니고 흘러 다니던 대중음악과 뮤지션들에게 앨범 형식으로 이루어진 음반의 등장은 이전과 다른 어떤 무게감, 존재감을 심어 주었다. 싱글 음반에선 가능하지 않았던 컨셉 음반이란 것이 등장하면서 뮤지션들은 자신들의 음악에 더욱 분명한 자의식을 담을 수 있게 되었고, 그런 과정을 거치면서 대중음악은 진지한 논의의 대상으로 새롭게 자리매김되었다. 이러한 현상은 훗날 '공인된 청년문화', 즉 1960년대 말 이래 영미권에서 꽃피웠던 '저 유명한' 청년문화의 기초이기도 했다.

　LP의 등장은 새로운 음악 스타일들을 만들어 내거나 특정한 음악의 부흥을 이끌어내기도 했다. 앞서 이야기한 것처럼 음반 전체가 연작으로 이루어진 컨셉 앨범들이 대중음악계로 쏟아져 나왔다. 비틀즈, 핑크 플로이드를 비롯하여 전 세계의 수많은 뮤지션들이 그 물길에 합류하였고 아티스트라는 칭호를 얻어 나갔다. 여러 가지 효과와 의미들이 앨범 속에 음악적으로 또 음악외적으로 녹아들어갔고, 사람들은 음반이란 매체를 통해 이전보다 훨씬 확장된 음악적 경험들을 누릴 수 있게 되었다.

고전음악 분야에서도 특정한 음악들이 새롭게 혹은 보다 손쉽게 대중화되기 시작했다. 콘서트 무대에서는 많은 사람들의 사랑을 받았지만 SP라는 음반 포맷의 한계로 인해 쉽사리 음반화가 되지 못했던 많은 교향곡들과 오페라 등이 본격적으로 음반으로 제작되었다. 그렇게 제작된 음반은 유럽을 훌쩍 뛰어넘어 다른 여러 비유럽 국가들의 음악적 취향까지도 잠식해 나갔다. 이와 같이 적지 않은 음악의 변화, 음악 사회의 변화가 모두 플라스틱 기술과 프레스 기술의 발전 위에서 피어난 LP가 아니었다면 등장할 수 없었던 것이란 이야기다.

# 440Hz? 이게 뭡니까?

## 음고(音高, pitch)의 기준, 소리의 근대화

'440Hz'라는 물리적 현상은 사운드 혹은 음악을 다루는 사람들에게는 너무나 익숙한 대상이다. 그러나 그 밖의 다른 분야에 많은 관심과 노력을 기울이며 살아가는 사람들에게는 아주 생소한 말이기도 하다. 440Hz에 붙어 있는 Hz란 청각적으로 인식되는 공기의 진동을 수치로 나타낸 것으로서 440Hz의 소리라고 하면 결국 1초에 440번의 진동이 일어나는 소리를 뜻하는 것이다. 이런저런 세상만사에 대한 박사님들의 지루한 분석이 대개 그렇듯이, 때로는 설명을 거듭하면 할수록 오히려 대상이 점점 더 낯설어지기만 하는 경우가 적지 않다.

440Hz에 대한 앞의 간략한 해설 또한 그런 경우인 듯하다.

그러나 440Hz라는 대상은 정작 우리에게 아주 친숙한 소리이다. 휴대폰 말고 집이나 사무실에서 사용하는 유선전화들을 써 본 일이 있다면, 그것도 아주 많이 써보았다면 그 사람은 440Hz 소리와 이미 친숙한 사람이다. 또한 땡전뉴스를 기억하는 사람, 뉴스가 시작하기 직전, 바늘이 9시 정각에 놓이는 순간을 즐기는 사람이라면 그 역시 440Hz 혹은 그의 친동생 격인 880Hz를 즐겨온 사람이다.

통기타를 조금이라도 배워본 사람 역시 별반 다르지 않다. 기타를 치는 사람들 가운데 상당수는 기타 줄을 조율할 때 습관적으로 5번부터 시작하는 사람들이 적지 않다. 두 대의 기타를 대충대충 조율할 때도 서로 5번을 뚱기며 맞추는 경우가 흔하다. 1번 줄도 아니고 6번 줄도 아니며 중앙에 위치한 3,4번 줄을 피해 굳이 5번 줄을 기준으로 삼는 그 고약한 심보는 도대체 왜 생겨났을까. 그것은 5번 줄의 개방현(開放絃)이 440Hz의 음을 만들어내기 때문이다.

440Hz는 'A'음, 또는 '라'음이라고 불린다. '도레미파솔라시도'의 그 '라' 말이다. 피아노 조율의 기초가 되는 피아노의 49번째 건반인 '라' 건반도 440Hz의 진동수로 조율하게 되어 있는데, 그 까닭은 이 소리가 '세계 음높이 표준'으로 사용되고 있기 때문이다. 통기타의 5번 줄은 물론 줄 달린 서양 악기들은 거의 전부 440Hz와 같은 음가를 기본적으로 지니고 있다. 'A=440Hz'라는 공식은 유럽과 미국의 음악이 세계를 지

배하고 있는 현실에서 음악의 출발점에 서 있는 모습이기도
하다.

## 팽팽해지는 현(絃)

누구나 예상할 수 있을 테지만, 20세기 전반만 하더라도 음
의 기준을 'A=440Hz'라고 말할 수는 없었다. 지금도 유럽과
미국 음악의 영향을 많이 받지 않은 곳이라면 그것은 마찬가
지다. 예컨대 유럽 음악을 대표하는 모차르트나 헨델과 같은
이들이 사용했던 기준 음고의 정확한 수치를 이야기하기는 다
소 어렵지만 그래도 대략 A=420Hz 전후에 자리 잡았던 것으
로 알려져 있는데, 이는 지금의 기준에 비해 반음 정도가 낮은
음가이다. 그러니 요즘의 어떤 연주가가 "모차르트의 E장조
소나타를 연주하겠습니다."라고 말한다면 그것은 "모차르트는
비록 E장조로 작품을 만들었지만 저는 이걸 F장조로 연주 하
겠습니다."라고 말하는 것과 같은 셈이다. 20세기 초 미국에
서는 450Hz를 넘기는 피아노 조율법이 성행하기도 했다. 그
런 시절에 누군가가 미국에서 베토벤의 피아노 작품을 연주했
다면 그것은 또한 원래보다 거의 한음 가까이를 높여 연주한
셈이었다. 어떤 고매한 음악학자는 베토벤의 '전원(田園) 교향
곡'에 대해 이야기하면서, "이 음악에는 F장조가 아니라면 느
낄 수 없는 전원의 아우라가 담겨 있다."고 칭송하였지만, 그
리고 자기 자신이 절대음감과 거리가 멀다고 생각하는 많은

사람들은 그런 한 차원 높은 주장 앞에서 주눅이 들어야 했었지만, 알고 보면 그런 고매하신 말씀들이 다 헛소리였다는 뜻이기도 하다.

크게 뭉뚱그려 이야기하면 오랜 옛날부터 20세기의 중반에 이르기까지 음고는 계속 상승해왔다고 할 수 있다. 거기에는 몇 가지 이유가 있다. 첫째, 같은 연주라도 조율을 살짝 높이면, 쉽게 말해서 악기의 현(絃)을 조금 팽팽하게 하면 더욱 밝고 경쾌한 소리를 얻을 수 있다는 사실이다. 구경꾼들을 더 많이 끌어 모으기 위한 악단 사이의 경쟁이 벌어지는 과정 속에서 조금이라도 밝고 경쾌한 소리를 낼 수 있다는 것은 악단의 중요한 경쟁력이었다.

둘째, 앞의 것과 연관된 이야기인데, 음악이 근대화되는 과정에서 연주회의 감상도 점점 근대화되어갔다. 이는 다시 말해 비교적 커다란 규모의 극장이 여기저기서 만들어졌다는 말인데, 과거에 비해 보다 넓은 공간에서 보다 많은 수의 구경꾼들을 상대하다 보니 고음 성분의 소리가 공연장 전체에 충분히 전달되지 못하는 경우가 생겨난 것이다. 고음 성분의 달락에 따라 소리기 어두워지고 생기가 떨어지는 문제를 해결하기 위하여 연주자들은 자신늘의 현을 조금이라도 더 팽팽하게 조여 두어야 했다.

세 번째, 마지막으로 이러한 사림들의 의지와 취향을 뒷받침해 주기 위해서는 반드시 과학기술의 발전이 그와 동행해야만 했다. 쉽게 말해 아무리 잡아 당겨도 좀처럼 잘 끊어지지 않는 질긴 '현'이 없었다면 그처럼 음고가 상승하는 것은 불가능했을 것이다. 철사(鐵絲)공업의 발전은 음악의 변화를 이끌어낸 또 하나의 필수요소였던 것이다. 동물의 내장을 현으로 사용하던 악기 제작의 방식에서 벗어나지 못했었다면 이러한 음고의 상승은 아마도 무척 더디게 진행되었을 것이다.

## 표준화되는 현

인류학자들에겐 조금 아쉬운 일이겠지만 'A=440Hz'라는 공식에는 음고의 상승과 하락의 역사만 담겨 있는 것이 아니라 음고의 전 지구적인 획일화 혹은 표준화의 역사도 담겨져 있다. 'A=440Hz'라는 기준은 역사적인 차원에서 드러나는 차이뿐만 아니라 동시대에도 지역과 사회의 문화적 차이에 따라 그 기준을 일반화하기가 어려운 차이를 지니고 있었다. 20세기 중반까지만 해도 매우 그런 편이었다.

딱 잘라 말하기는 조금 어려움이 있지만 미국에서 널리 향유되었던 재즈는 음의 기준으로 440Hz 혹은 그 이상의 음고를 사용하기도 했고, 프랑스의 오케스트라나 오페라 등은 430Hz를 조금 넘는 음고를 사용하곤 했다. 재즈나 팝 중심의 미국 음악은 서양의 클래식 음악과 다르게 피아노의 조율을 보다 높게 하는 습관이 있었고 소리의 색깔도 더욱 '찰랑찰랑'대는 것을 필요로 했다. 오페라와 상송 등 사람의 목소리가 주요한 음악의 원천이었던 프랑스의 입장에서 보면 보컬의 연주에 무리를 주는 440Hz 이상의 높은 조율은 그들의 음악에 적합하지 않은 것이었다. 한편, 미국 재즈 음악과의 교역이 중요한 비즈니스였던 영국의 음악 산업은 음고에 관해서 미국 재즈의 기준을 쫓아가는 것이 당연했고, 기악 음악이 가장 발달했던 독일 지역은 미국과 같이 440Hz를 주장하고 나섰다.

음고를 둘러싼 차이가 표준화 혹은 획일화되는 과정에서 작용했던 논리로는 두 가지가 있었던 것으로 생각된다. 하나는 서로 다른 문화권 간의 음악적 교류가 확대되고 연주 또한 복잡해지는 시대에 합주를 용이하게 하기 위하여, 결국 음악문화를 보다 풍성하게 만들겠다는 명분으로 표준화가 추진되었다는 것이다. 'A=440Hz'의 기준은 다른 많은 과학기술의 경우와 마찬가지로 국제표준화기구(ISO) 차원에서 논의되고 결정된 것이다. 마치 바퀴의 크기, 나사의 크기 등을 표준화하여 삶을 좀더 편리하게 만들고자 했던 행동들과 비슷한 것으로 볼 수 있을 것이나.

음고의 표준화에 내포된 또 하나의 의미로서 음악 산업의 대량화 혹은 상품 생산 공정의 효율화, 그를 통한 자

오보에를 부는 사람. 오보에는 배음이 없는 특유의 소리 덕택에 오케스트라 등에서 조율의 기준이 되는 악기로 사용되곤 했다.

본의 이윤 극대화를 이야기할 수 있을 것이다. 그것은 아마도 표준화를 이끌어낸 숨은 논리이자 현실적인 논리였을 것이다.

'A=440Hz'로 표준화가 이루어지는 데 가장 중요한 역할을 한 곳은 미국과 영국, 독일 등의 주요 피아노 생산국들이었다. 음악적인 영향력과 비중은 컸지만 피아노 산업국으로서 미국, 영국, 독일에 미치지 못했던 프랑스나 이탈리아 등의 지역은 표준화 회의에 초대는커녕 의도적으로 배제당했다. 결국 표준 음고는 미국을 중심으로 미국의 뜻대로 계속 확산되었던 반면에 프랑스 등은 당시에 440Hz로의 표준화를 인정하려 하지 않았을 뿐 아니라 현재까지도 그러한 기준을 존중하지 않고 있다. 어쨌든 이후에도 세계 산업과 음악의 중심은 미국과 영국, 독일을 중심으로 전개되면서 440Hz의 기준은 더욱 견고하게 자리 잡기 시작했다.

# 전쟁과 음악 테크놀로지

전쟁을 겪고 난 세상은 과연 어떻게 변할까? 잘은 모르지만 언뜻 생각나는 것으로는 누군가의 헛된 죽음, 잿더미로 변한 거리, 폐허가 된 강산, 낯선 과학 기술의 등장, 한두 나라의 경제적 빈곤과 그 주변국들의 불황 극복 같은 것이 있다. 이 가운데 '과학 기술'이라는 분야는 다른 분야에 비해서두 비교저 커다란 변화가 일어나는 축에 속할 것이다. 그리고 그 변화는 다른 변화들이 '치유'와 '회복'의 길을 걷는 것과는 다르게 이후의 세상을 통해서 확장되고 재생산되어 나가곤 한다.

전쟁을 겪고 나면 득성한 과학 기술 분야에서는 대대적인 '진보'가 이루어진다. 그 중에서도 암호 해독 기술로부터 출발한 컴퓨터, 그리고 냉전 시대에 소련과 미국의 군사적 긴장을

비틀즈가 1967년에 발표한 음반인 「Sgt. Pepper's Lonely Hearts Club Band」의 표지. 최초의 컨셉 앨범으로 꼽히는 동시에 스튜디오 테크닉의 창조적인 활용이 극대화되어 있는 이 음반은 많은 비평가들에 의해 음악 역사상 최고의 음반으로 꼽히곤 한다.

통해 만들어진 인터넷은 전쟁과 전쟁 준비를 통해 만들어진 결과물 중 우리에게 가장 가까운 것이라 할 수 있을 것이다. 전쟁과 거리가 비교적 멀 것 같은 음악 분야에도 전쟁이 미친 영향은 아주 대단한 것이었다. 음악 역시 현대적 과학 기술의 발전과 동행을 거듭해 온 까닭에 그렇다.

비틀즈는 현대 대중음악의 역사에서 가장 극적인 존재다. 음악에 대해 뭔가를 떠들어대는 사람들 대부분은 대중음악의 모습이 혁명적으로 바뀌어버린 순간과 비틀즈의 존재를 언제나 패키지로 엮어서 이야기한다. 그리고 그에 대해 별다른 이견이 있는 것도 아니다. 그런데 이때 이야기되는 비틀즈의 '혁명'은 그들의 '천재성'과 연결된다기보다는 1950년대에 급속히 개발되고 1960년대에 그들과 함께 첫 선을 보인 '멀티트랙 레코딩 기술'과 더 자연스럽게 연결된다.

멀티트랙 레코딩 기술이 발전하기 위해서는 무엇보다도 오디오테이프 기술의 발전이 먼저 이루어져야 했다. 한 줄기로 이루어진 오디오테이프 내부에 동시에 서로 다른 소리를 낼 수 있도록 여러 트랙을 새겨 넣어야 했고 또 자연스러운 사운드의 수준을 감당할 만한 낮은 잡음비의 테이프 재생기술이 필요했던 것이다. 이러한 기술이 미리 준비되어 있지 않았다면 뭐 시대를 빛낸 명반이니 대중음악사에 한 획을 그었다느니 하면서 칭송에 칭송을 거듭 '당하고' 있는 1967년 비틀즈의 「Sgt. Pepper's Lonely Hearts Club Band」라는 음반도 세상에 등장할 수 없었다는 것을 기억해야 한다.

오디오테이프는 덴마크의 폴센(1869~1942; Valdemar Poulsen)이라는 과학자가 1898년에 고안해냈던 '텔레그라폰 Telegraphone'이 그 원조라고 할 수 있다. 하지만 실용적인 측면에서 가장 비약적인 발전이 이루어진 것은 히틀러 치하의 독일에서였다고 말해도 무방할 듯하다. 히틀러의 연설을 녹음하는 일과 연합군을 상대로 한 선무방송의 목적이라는 국가적인 긴급 과제로서 오디오테이프의 기술의 발전이 필요했기 때문이었다. 독일이 전쟁에서 패한 후 미국은 독일의 앞선 전쟁 기술과 과학자들을 세계 평화를 위해 '폐기 처분'하는 대신 모두 자국으로 '압수'해 갔다. 그 과정에서 독일의 발전된 테이프 기술도 '압수'할 수 있었고, 그를 바탕으로 마그네틱을 이용한 오디오테이프가 음악 산업에 본격적으로 접복될 수 있었다. 이처럼 진시 녹일의 테이프 기술 발전이 전후 미국으로 이식된 덕택에 비틀즈의 시절에 이르러 멀티트랙 레코딩이 가능할

덴마크 과학자 폴센이 발명한 자기 테이프의 원조, 텔레그라폰의 모습. 처음에는 에디슨의 축음기와 마찬가지로 구술 녹음기의 용도로 제작되었다.

수 있었던 것이다. 시대를 빛낸 앨범이라는 비틀즈의 「Sgt. Pepper's Lonely Hearts Club Band」는 이러한 연쇄 과정 속에 자리 잡고 있는 작품이다. 만일 전쟁이 없었다면 오디오테이프 기술의 발전은 조금 더뎌졌을 것이다. 그랬다면 아마도 현대 음악 사회의 '제왕의 자리'는 비틀즈의 것이 되지 못하고 그 다음 세대였던 디페쉬모드나 듀란듀란 같은 밴드들의 차지가 되었을 것이다.

어쨌거나 축음기가 세상에 처음으로 등장한 시절의 그것은 매우 귀중한 물건이었다. 그래서 지금으로 따지면 '리모콘의 주인'은 집안의 가장인 아버지였고, 축음기는 거실의 중앙에 놓이게 마련이었다. 이런 생활 모습과 앙상블을 이루어 낸 음악은 빅밴드 스타일의 스탠더드 재즈나 이지리스닝 같은 '국민 가요' 스타일의 음악이었다. 거실 한가운데에서 선택될 수 있는 음악이란 그런 것일 수밖에 없었다. 아직 음악 사회에서는 독자적인 '청년 문화' 운운할 수 있는 때가 아니었던 것이다.

사실 ‘청년 문화’란 것은 청년이 있는 한 언제나 존재하게 마련이다. 하지만 학자들에 의해서 의미 있는 것으로 ‘낙점 받은 것’은 대략 ‘1970년 전후의 청년 문화’이다. 그 시절의 청년 문화는 록 음악과 밀접한 관계를 맺고 있었으며 록 음악은 포켓사이즈의 FM라디오 및 포터블 오디오기기와 밀접한 관계였다. 또한, FM라디오와 포터블 오디오기기는 트랜지스터 기술과 떼려야 뗄 수 없는 관계에 놓여 있었다. 독자적인 청년 문화를 ‘저도 모르게’ 일구어냈던 청년들은 자신만의 공간에서 FM라디오를 통해 록 음악을 들으며 청년 공동체를 상상하였고 포터블 오디오기기를 들고서 친구들과 여기저기를 싸돌아다녔다. 그런데 청년들이 라디오를 비롯한 오디오기기를 들고 듣고 다니기 위해서는 그 제품의 크기가 작아져야 했고 가격도 좀더 떨어져야 했다. 이러한 조건은 트랜지스터 기술이 진공관을 대체하면서 비로소 형성되었다.

제1차세계대전을 통해서 비약적으로 발전한 무선 통신 기술이 라디오의 기초를 닦았다면 오디오기기의 폭발적 대중화를 이끌어낸 트랜지스터는 미국을 비롯한 전쟁 국가들이 제2차세계대전의 경험을 통해 발전시킨 기술이다. 일본 원폭투하를 목격한 세계열강들은 그 무기가 초래할 인류의 재앙을 결코 ‘두려워하지 않고’ 저마다 더욱 심란한 효과를 가진 무기 개발에 전력하였다. 그래서 핵폭탄의 재앙은 더욱 위협적이고 실제적인 것이 되고 말았는데, 그런 와중에 만들어진 작품 가운데에서도 ‘명품’이라고 할 수 있는 것이 바로 다탄두 핵미

1960년에 GE에서 만들었던 포터블 트랜지스터
라디오 'GE P776B'.

사일이다. 그리고 앞에서 말한 청년 문화의 주역 가운데 하나인 트랜지스터라는 새로운 기술은 이 다탄두 핵의 제조를 목적으로 만들어진 것이었다.

트랜지스터는 역설적이게도 다탄두 핵미사일을 통해서는 재앙의 씨앗을, 청년 문화를 통해서는 새로운 세상의 꿈을 동시에 전해줬던 셈이다. 제2차세계대전 이후, 미국과 소련을 정점으로 한 세계의 양대 진영이 냉전을 경험하지 않았더라면 레드제플린이나 핑크플로이드는 자신들의 머리 위에 놓여진 빛나는 왕관을 메탈리카나 라디오헤드에게 넘겨주었어야 했을지도 모를 일이다.

당연한 말이지만, 전쟁이 음악 사회에 미친 영향에는 과학 기술적 차원의 것 이외에도 여러 가지가 있다. 일본의 지배 하에 있던 조선 땅에서는 제2차세계대전이 발발함에 따라 미국의 팝 음악이 모두 금지곡이 되면서 음악 이식의 단절이 이루어졌고, 일본 '내지(內地)'를 비롯하여 조선 땅에서도 군가 중심의 음악 정책이 펼쳐지면서 센티멘털한 노래들은 모두 금지되는 등의 변화가 있었다. 그 와중에 '봉선화'가 금지곡이 되었다고 주장하면서 그것을 배경으로 자신들의 당시 만행들을 저항 비슷한 행동으로 연결시키는, 그래서 반역과 배신의 역사를 '공세적으로' 극복해내는 기묘한 인생들을 통해 우리의 굴절된 역사도 볼 수 있었다. 그 밖에도 여러 변화들이 많이 있겠으나 그 중 재미있는 것 하나를 꼽으라면 '청음교육의 실시'를 들 수 있을 것이다.

조선에서 발행되었던 당시의 신문 기사들을 보면 음악 콩쿠르 대회에서는 연주와 작곡에 뛰어난 사람을 뽑을 뿐 아니라 청음을 잘하는 사람을 뽑는 종목까지도 있었음을 알 수 있다. 그리고 음악 전문학교가 아닌 일반 학교의 음악 시간에서도 청음 능력을 강화하는 교육을 실시하였다. 즉, 그전까지 보편적으로 행해왔던 상대 음감 중심의 교육이 아닌 절대 음감 중심의 교육으로 음악 교육 내용이 바뀐 것이다. 이것은 모두 1941년 태평양 전쟁이 발발한 이후에 생겨난 풍경이었다.

이와 같은 변화를 통해 일본 제국주의자들이 얻고자 했던 것은 '국방 능력의 강화'였다. 들려오는 총포 소리와 비행기 소리 등을 듣고서 그것이 아군의 것인지 적군의 것인지 청각을 통해 분별할 수 있는 능력을 기르기 위하여 청음 교육 강화에 나선 것이니, 그들은 일본과 식민지 인민들의 귀를 모조리 군사 레이더로 만들고 싶었던 것이다. 전쟁은 급격한 과학의 진보 이면에 이런 극도의 불합리와 비이성, 야만을 품고 있기 마련인가 보다.

라디오나 텔레비전의 시보(時報) 등에는 그런 비이성의 추억이 얽혀 있다. 지금은 정각을 알릴 때 "디리링~ 디리리~ 애니콜~ 두룹듭듭~ 뚜우~" 하는 소리를 내지만 조금만 과거로 거슬러 올라가더라도 모조리 "뚜- 뚜- 뚜 뚜우~" 형식으로 시보를 알렸다. 여기서 이 '뚜-' 하는 소리들이 모두 '라' 음에 해당되는 것이다. 앞의 세 번은 낮은 '라(440Hz)', 뒤의 한 번은 높은 '라(880Hz)'음인데, 식민지 당국의 교육자들은 이러한 생활의 절대 음고들을 활용하여 어린 학생들의 음악 교육을 진행하려 했다. 아마도 이러한 소리들을 통해 '제국 인민'들의 절대 음감이 단련될 것이라고 생각했던 모양이다. 지금 생각해 보면 이러한 지난날들이 모두 한 편의 우스꽝스러운 해프닝에 불과한 것일지도 모르겠지만, 우리들은 아직도 그 '라' 음을 들으며 살아가고 있다. 그 덕택에 절대 음감이 향상되었는지 어쨌는지는 물론 아무도 모를 일이다. 그리고 그것을 향상시켜 도대체 어디에 써먹을 것인지도 모를 일이지만 말이다.

전쟁을 두고 이렇게 저렇게 쓸데없는 말이 길었다. 실제 지금 우리나라도 전쟁에 직접적으로 개입되어 있는 심란한 상황인데 말이다. 그것도 가해자 혹은 침략자로, 아니 침략자의 가장 비굴한 하수인으로 말이다. 전쟁에 관한 글들을 읽으면서 정작 공감이 갔던 말, 다른 이들과 나누고 싶은 말은 따로 있었다. 제3차세계대전에서 사용하게 될 무기는 무엇이 될지 모르지만 제4차세계대전에서 사용하게 될 무기는 분명히 알 수 있다는, 틀림없이 돌멩이와 나무막대기가 될 것이라는 말이 그것이었다.

# 가난한 사람들의 친구: 청테이프? 아니, 공테이프!

앞서 전쟁과 음악에 대해 잡설을 늘어놓았을 때 이야기했던 바와 같이 오디오테이프 기술은 전쟁을 겪으면서 그 속에서 획기적으로 발전하였다. 만일 한글 창제가 '세종대왕의 업적'이라고 믿는다면 그와 마찬가지로 오디오테이프의 창제는 '히틀러의 업적'이라 믿음이 마땅하다. 비록 히틀러가 만들어 냈다 하더라도 그것이 보통 사람들의 행복한 인생에 복무할 수 있다면 기꺼이 받아들이는 것이 더 괜찮은 선택일 것이다. 마치 노동 운동과 오색무지개 진보운동이 '군가(軍歌)'를 자신들의 정체성이 일부로 받아들이고 일정한 성과를 거두었던 것처럼 말이다. 말이 샜다.

오디오테이프 기술의 시초라 할 수 있는 마그네틱 원리의 소리 재생기가 처음 등장한 것은 1898년, 그러니까 이제는 100년이 훌쩍 넘어간 아주 오래 전의 일이다. 그러나 전쟁을 제외하고 오디오테이프가 본격적으로 실생활에 응용되기까지는 약 50년, 그리고 대중들의 손아귀에 들어가기까지는 그로부터 또 10년이라는 짧지 않은 세월이 필요했다. 오디오테이프 제조회사로 가장 유명한 암펙스(AMPEX)사의 테이프레코더가 처음으로 방송국의 스튜디오에 진입한 것은 1947년이고 레코드사의 스튜디오에서 멀티트랙 레코딩이라는 음악의 신세계를 준비한 것은 또 그 이후에 벌어진 일이었다. 그리고 우리에게 잘 알려져 있고 우리가 오래도록 사용해 왔던 오디오테이프, 정확하게 말해서 필립스(Philips)사의 콤팩트 오디오카세트(Compact Audio-Cassette)가 개발된 것은 1962년이다. 물론 그 사이에 자잘한 다른 포맷의 오디오테이프들이 없었던 것은 아니었는데, 필립스의 오디오테이프보다 약간 빨랐던 1950년대의 릴투릴 테이프(Reel-to-Reel tape), 그리고 그보다 상용화가 약간 늦었던 1960년대 미국식의 4-8트랙 카트리지 테이프가 그 대표적인 경우라 할 수 있을 것이다. 우리나라에서도 좀 나이 든 사람들의 경우라면 이러한 종류의 오디오테이프를 스쳐지나가는 수준에서라도 조금이나마 경험한 적이 있겠지만, 다른 나라들과 마찬가지로 일반 가정에서는 잠깐 등장했다가 사라지고 말았다.

앞에서 말한 일부 저장 및 재생 미디어들에 '자잘하다'느니 '잠깐'이라느니 하는 수식어가 붙여진 까닭은 말할 필요도 없이 필립스의 오디오테이프(이하 카세트) 때문이었다. 필립스의 카세트는, 당시 그쪽 사람들의 표현 방식을 따르자면 아이큐 20~25 정도의 사람도 쉽게 다룰 수 있을 만큼 편리한 인터페이스, 그리고 선동렬이 집어던진대도 전혀 재생에 문제가 생기지 않을 만큼의 튼튼한 구조 덕분에 초창기의 아주 저열했던 음질에도 불구하고 발전을 지속할 수 있었다. 그리고 1966년의 돌비 잡음제거시스템 개발과 같이 지속적으로 이루어진 음질 향상은 CD가 등장하기 전까지의 십수 년 동안 카세트가 다른 매체를 제치고 가장 영향력 있는 음악 매체의 자리를 차지할 수 있도록 해 주었다.

카세트가 등장하고 나서 생각해보니 릴투릴 테이프와 4-8track 카트리지 테이프의 몰락은 예정된 것이나 다름없는 것이었다. 1960년대에 비틀즈와 함께 새로운 록 음악의 열풍이 몰아쳤고 음반 시장은 그에 힘입어 고속 성장을 거듭했지만 릴투릴의 경우는 여러 이유를 고려하여 클래식 레퍼토리를 중점적으로 출시하였고, 게다가 다루기에 까다로운 인터페이스 때문에 일반 가정에서 사용되기에는 저절치 않았기 때문이다. 릴투릴은 당시로서는 요즘말로 '스페셜 울트라 핀다스딕 테크놀로지' 급(級)이었던 스테레오를 뛰어난 음질과 함께 LP에 한 발 앞서 대중들에게 선보였으나, 앞서 말한 것처럼 콘텐츠의 문제, 편하세 다룰 수 없었던 문제, 가격 문제 등의 한계를 극복할 방안을 마련하기도 전에 카세트에 의해 시장에서 축출당하여 결국은 스튜디오처럼 전문적인 공간에만 남게 되었다.

카트리지는 주로 미국 시장에서 부흥하였다. 애당초 차량 소유자들의 카스테레오를 겨냥해서 만들어졌고, 이 카트리지를 개발하기 위한 업체들 간의 컨소시엄에는 포드자동차 회사가 주도적으로 참여하기도 하였다. 1965년 이후 포드자동차에는 카트리지가 옵션으로 장착되었고 8트랙 카트리지가 본격적으로 상용화되기 시작했다. 포드자동차라는 막강한 하드웨어적 배경 덕분에 다른 나라와 달리 미국에서는 이 카트리지가 활성화될 수 있었지만, 사적인 녹음은 불가능하고 크기가 부담스러웠던 카트리지는 역시나 카세트를 만나자마자 오디오의 국제적 표준은 고사하고 미국 시장에서도 바로 무릎을 꿇을 수밖에 없었다. 그리고 음반 산업이 절대적으로 호황을 누리던 바로 그 시절, 카트리지는 시장에서 퇴출되었다. 물론 그 카트리지는 시장이 아니었어도 퇴출될 수밖에 없는 운명이었다.

앞서 설명한 외양적 특징과 더불어 테이프가 가지는 가장 막강한 기능은 누가 뭐래도 '공테이프'라는 이름에서 느껴지는 저렴한 가격과 사적인 녹음 기능이었다. '자라 보고 놀란 가슴 솥뚜껑 보고 놀란다'고, 음반 업자들이라면 이러한 기능을 떠올리고서는 반사적으로 경기를 일으키겠지만 일반 소비자들에게는 그동안 범접하기 어려웠던 오디오 기술의 상당한 영역을 손에 넣고 쾌재를 부를 만한 일이었다. 음악 청취자들은 카세트의 도움으로 '스트리밍'에 불과했던 라디오의 음악을 '다운로드'할 수 있게 되었고 또한 거실의 정중앙에서만

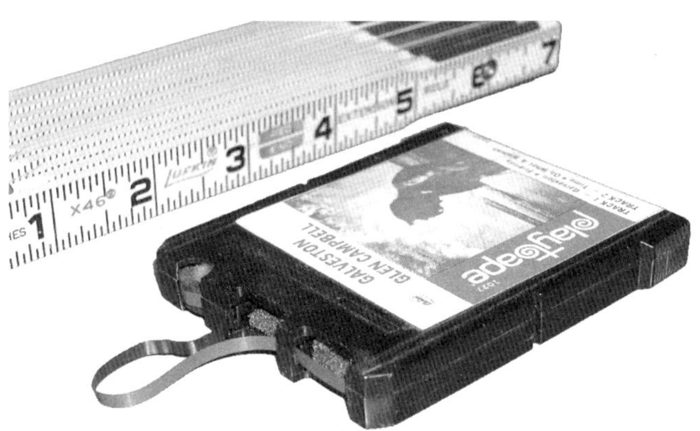

미국을 중심으로 잠깐 성행했던 8트랙 카트리지 오디오테이프. 카오디오라는 강력한 하드웨어를 배경으로 잠시 성행하였으나 콤팩트 오디오 카세트의 등장으로 결국 업계의 표준이 되는 데에 실패하였다. 과거 우리나라에서도 트럭이나 버스 등지에서 볼 수 있는 오디오 매체였다.

감상할 수 있었던 자신의 컬렉션들을 자동차에서, 그리고 거리에서 들을 수 있게 되었다. 게다가 카세트의 '콤팩트'한 사이즈 덕분에 출시될 수 있었던 소니(Sony)의 휴대용 오디오 워크맨(Walkman)이 1980년대 벽두를 강타함에 따라 어디에서도 음악을 만날 수 있는 행복한 세상이 사람들에게 다가왔다. 이 모든 변화는 당연히 카세트의 등장과 함께 시작된 것이었고 카세트 판매량은 이제 LP 판매량을 넘어서기 시작했다.

카세트는 영미권이라는 '본토'보다 세계 시장에서 더욱 빛나는 활약상을 선보였다. 1970년대만 하더라도 제3세계로 분류되는 나라들은 저작권이라는 때론 선량한, 때론 악랄한 법을 제정하지 않은 경우가 많았다. 따라서 외국 음반에 대한 복제는 시민의 정당한 권리에 해당되는 것이었다. 당연히 많은 음반의 복제가 이루어졌고 LP와 같은 복잡한 기술은 설 자리를 잃었으며 이미 진출해 있던 글로벌 메이저 음반사들은 침체의 늪을 허우적거리게 되었다. 하드웨어는 모두 카세트플레이어로 교체되고, 아니 그보다 카세트플레이어가 본격적으로 보급되었고, 전 세계 사람들은 그 좋은 음악을 손쉽고 부담 없이 들을 수 있게 되었다.

한편, 제3세계의 사람들이 비틀즈 등의 음악을 복제하는 것은 사실 덩치만 컸지 내용적으로는 곁가지에 불과한 것이었다. 왜냐하면 어떤 나라들에서는 이 카세트의 등장을 통해 자기 나라의 음악이 활성화되고 언더그라운드가 오버그라운드로 진출하는 사건이 발생할 수 있었기 때문이다. 기술적 차원의 근대화가 더디게 진행되고 있던 많은 나라들에서는 음반을 프레스하는, 즉 '찍어내는' 시설을 구축하는 것이 쉽지 않은 일이었다. 하지만 카세트라는 새로운 기술이 등장함에 따라 음반 프레스 시설의 문턱은 급격히 낮아졌다. 이와 더불어 MP3가 전 세계적으로 음반 업자들로부터 '일시적이나마 독립되어 있는' 언더그라운드 밴드들의 성장을 돕고 있는 것처럼, 카세트의 단순한 복제 기술은 제3세계 뮤지션들이 자신들의 음악을 녹음하고 복제해서 소량이나마 대중적으로 전파하고 판매할 수 있는 환경을 만들어 주었다. 그뿐 아니라 음악을 좋아하는 동네 음악가들도 월드스타의 부푼 꿈을 조그마한 카세트로 이루어진 '데모 테이프'에 담아서 비로소 여기저기로 날려 보낼 수 있었다.

이러한 경우는 '본토'에서도 마찬가지였다. 예컨대 메탈리카라는 초대형 아티스트 역시 언더그라운드 시절에는 자신들이 직접 제작한 카세트를 팔았다. 당시에 사용 가능했던 오디오 기술이 카세트처럼 단순한 기술이 아니라 LP와 같이 복잡한 기술뿐이었다면 이런 경우는 상상도 할 수 없었을 것이다. 그들이 직접, 그러나 손쉽게 제작한 '데모 테이프'는 클럽의 팬들에게 팔려나갔고 팬들을 모아주었으며 지역의 방송 네트워크에 메탈리카의 음악을 전파할 수 있게 만들어주었다. 카세트 때문에 메탈리카라는 새로운 감수성의 언더밴드가 월드 스타로 성장할 수 있었다고 말한다면 그것은 과장일 수도 있지만, 메탈리카가 세계적 밴드로 성장하는 과정에서 카세트도 당당히 하나의 역할을 담당했다고 말하는 것은 꽤나 그럴 듯한 표현임에 틀림없다.

그러나 한편으로, LP와 CD가 Hi-Fi로 주름을 잡으며 고가로 팔려나가는 음악 시장에서는 카세트가 상대적으로 저가의 제품이었다. 미국의 경우 카세트의 주요 소비층은 시골 사람들이었고 그들은 컨트리 음악, 말하자면 아메리칸 스타일의 뽕짝을 선호하였다. 한국에서도 마찬가지인데 초등학생을 자신들의 주요 팬덤으로 삼고 있는 장나라, 자두 등을 제외한 대부분의 가수들은 최근 들어 CD 대 카세트의 판매 비율에서 CD 판매의 비율이 압도적인 우위를 나타내고 있지만 태진아, 송대관 등의 뽕짝 가수들의 음반 판매량을 살펴보면 테이프의 비율이 압도적으로 높은 것을 볼 수 있다. 일본에서도 일본판 뽕짝 혹은 뽕짝의 원조라 할 수 있는 엔카의 주요 소비층이 트럭 운전사 등이라 하니 아마 일본의 극도로 미미한 카세트 판매량은 거기서 다 이루어지지 않을까 싶다. 이영미에 따르면 뽕짝은 하층민의 정서를 대변한다고 했으니, 그 말을 긍정한다면 현재 하층민의 정서는 카세트에 담겨 있는 것이기도 하다.

카세트가 겪어 왔던 지난날들을 오늘의 상황과 비교해보면 몇몇 부분에서 CD에서 MP3로 음악의 재생 및 저장 매체가 이동하는 과정과 꽤나 닮아 있음을 알 수 있다. 예컨대 카세트의 음질이 상대적으로는 저열함에도 불구하고 그 다루기 편리함과 유용한 확장성으로 인해 전 세계적으로 가장 중심적인 음악 포맷이 되었다는 사실이 그렇다. 또 앞서 말했던 것처럼 자유로운 편집과 전파 가능성의 확장에 힘입어, 당시로서는 그것이 해적판이든 아니든 유통의 혁명을 가져온 것이 MP3의 그것과도 비슷하며, 마지막으로는 카세트가 등장하고 널리 보급됨에 따라 음반업자들이 카세트를 향해 '좌시할 수 없는 범죄의 근원'이라며 비난을 퍼부은 것 또한 그렇다.

학자들의 비웃음에도 불구하고 1980년대의 경기 불황에서 오는 음반 판매의 불황에 대해 음반업자들은 모든 '잘못'을 '공테이프'에 뒤집어씌우고 있었다. '공테이프를 통한 불법 복제 때문에 음반 시장이 무너져가고 있다'는 것이 그들의 주장이었다. 이 경우는 P2P와 MP3로 시끄러운 요즈음의 모습과도 너무 비슷하다. 사실 1960~1970년대의 음반 시장은 카세

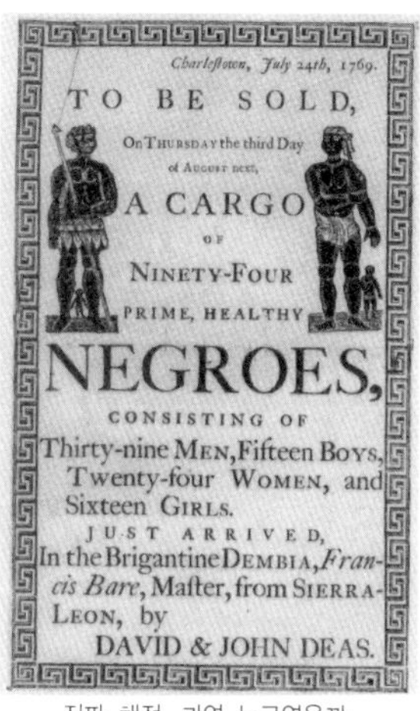

진짜 해적, 과연 누구였을까.

트의 활약에도 불구하고, 혹은 그에 힘입어 고도성장을 지속했다. 그러나 업자들은 1970년대 말에 이르러 대공황 이래 가장 극심한 경제 불황의 여파로 음반 시장이 얼어붙자 그 모든 원인을 놀랍게도 '공테이프'에서 찾아내는 독창적인 시각을 발휘했던 것이다.

그런데 당시 국제음반산업협회 회장에 취임하여 공테이프를 통한 해적판 음반에 대해 가장 격렬한 비난을 퍼부었던 이가 바로 공테이프를 발명해낸 필립스 카세트 프로젝트의 최고 지휘관이었다는 사실은 또 하나의 역사의 아이러니다. 이런.

# CD의 등장, 얻은 것과 빼앗긴 것

앞에서 이야기했던 것처럼 1970년대 말에는 오일쇼크와 그에 따른 여파로 인해 한국뿐만 아닌 전 세계의 수많은 나라들이 극심한 경제 불황의 터널을 통과하고 있었다. 이와 같은 불황이 음악 사회라고 해서 예외가 될 수는 없었다. IMF 때 이루어졌던 여론조사를 통해서도 알 수 있었지만, 경제 위기로 인해 얄팍해진 지갑 속에서 음반을 구매할 돈이 나올 수는 없는 노릇이었다. 음반 시장은 곧 망할 것처럼 암울해보였다.

그러나 난세에 영웅이 등장한다고 했던가. 음반사들은 저마다 위기 탈출법을 모색했고, 그들이 생각해낸 것들 중 가장 교양 없고 무식했던 방법이 '불법' 복제 카세트테이프를 타깃으로 삼은 것이었다면, 가장 우아하고 현명했던 방법은 LP와 테이프를 넘어서는 새로운 감상의 매체를 만들어내는 것이었다. 마치 라디오의 등장으로 맞은 위기를 전기 녹음법의 개발로 극복해내고 세계 대공황 시대와 함께 닥쳐왔던 불황을 LP의 개발과 Hi-Fi 기술의 상승으로 극복해냈던 것처럼 말이다.

1980년대 벽두에 이르러 일본의 소니와 네덜란드의 필립스사가 공동으로 CD를 세상에 선보이면서 음반 산업의 난세를 타개해 줄 영웅으로 등장하였다. 그들이 개발한 CD는 10년이 채 안 되는 시간에 저장매체 시장을 석권하였으며 음반 산업을 몰락의 위기로부터 구원해 주었다. 물론 CD가 새로운 미디어의 대표 자리에 단독으로 출마해서 당선된 것은 아니었다. LP가 33⅓회전과 45회전이라는 두 가지 포맷으로 나뉘어 경쟁을 했던 것처럼, 그리고 이렇게 나뉘었던 이유가 레코드 회사 간의 시장 독점을 위한 경쟁이었던 것처럼, CD 역시 다른 디지털 포맷과의 경쟁을 거쳐야 했었다. 비디오테이프의 표준화 경쟁에서 베타 규격을 내놓았다가 VHS를 내놓았던 JVC에 참패했던 소니가 이번에는 필립스와 손을 잡고 JVC의 AHD라는 포맷을 누르면서 시장의 패자로 등극하였다.

한편 앞서 이야기한 소니, 필립스와 같이 새로운 미디어 개발에 전력을 기울인 회사들의 공통점은 모두 장치-하드웨어 제조회사인 동시에 레코드 회사를 자회사로 운영하고 있었다는 점이다. 현재에도 글로벌 레코드사로 이름이 높은 소니레코드, 역시 유명한 거대 글로벌 레코드사였다가 얼마 전 유니버설레코드에 합병된 폴리그램 등이 바로 세계적인 가전업체로 손꼽히는 소니와 필립스의 자회사들이었다. CD 혹은 또 다른 새로운 포맷의 미디어 개발은 단지 음반 판매의 차원에 국한되지 않는데, CD의 개발은 말하자면 소비자들의 거실에 놓인 수십만 원을 넘는 오디오기기들을 모두 교체해 버리는 효과를 발휘하는 것이었다. 그러니 새로운 포맷이 일반화되어 소비 생활에 뿌리를 내린다는 것은 달리 말해 업계의 불황이 일거에 해소된다는 말이기도 하다. 실제로 CD의 등장을 통해 음반 산업의 침체는 극복을 넘어서 놀라운 성장을 다시 시작 하였다.

알다시피 CD는 70분을 약간 넘는 재생 시간과 대충 손아 귀에 들어올 수 있을 만한 크기로 이루어져 있다. 정확히 말하 자면 재생 시간은 74분 33초, 지름은 12cm이다. 그런데 필립 스가 애당초 염두에 두었던 CD의 크기는 11.5cm였다. 이 크 기가 고안된 까닭은 기존의 대중적인 매체였던 카세트테이프 의 대각선 길이가 11.5cm이기 때문이었다. '콤팩트한 사이즈' 를 고려하다보니 카세트테이프의 콤팩트한 크기를 기준으로 삼았던 것이다. 게다가 이 크기라면 기존의 LP, 테이프 등의

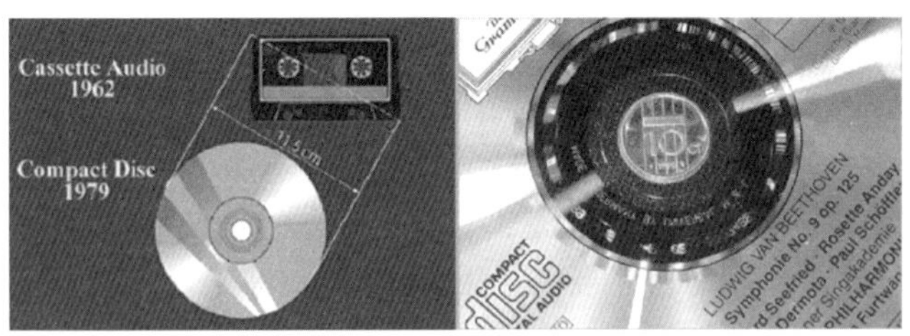

CD의 규격이 고안된 원리 혹은 우연. CD의 직경과 홈의 직경.

재생시간을 커버하는 데 별다른 어려움이 없는 충분한 재생시간을 확보할 수 있었다.

그러나 CD 시장은 당시 클래식 청중들을 고려하지 않을 수 없었다. 일반적으로 클래식 청중들이 '하이엔드(비슷한 기능을 가진 일련의 제품군 중에서 가장 기능이 뛰어나거나 가장 가격이 비싼 제품을 나타내는 용어) 오디오'에 보다 우선적으로 반응하기 때문이었고 CD를 신속하게 시장에 정착시키기 위해서는 CD가 LP보다 한 차원 높은 음질을 구현해낼 수 있다는 믿음이 일상에 뿌리내려야 했기 때문이었다. 따라서 한국이나 미국이나 전 세계에서 교향곡 하면 가장 먼저 떠오르는 베토벤 9번 교향곡 '합창'이 CD의 길이를 결정함에 있어 중요하게 고려해야 할 사항이 되었다. 물론 교향곡은 지휘자가 누구였느냐에 따라 연주 시간이 제각각이었다. 그래서 필립스의 자회사인 폴리그램이 그 당시까지 출시되었던 '합창' 음반들의 연주 시간을 조사해 보았는데, 푸르트뱅글러의 74분짜리 연주가 가장 긴 연주라는 결과가 나옴에 따라 74분을 약간 넘기는 12cm 규격의 CD가 제작된 것이다. 물론 이 크기는 그때까지 출시되었던 음반들이 지니고 있는 재생 시간의 대부분을 커버할 수 있는 것이기도 했으므로 최종적인 낙점을 받을 수 있었던 것이다. 또한 당시 이들은 CD의 적절한 사이즈를 구하기 위해 유럽 사람들의 상의(上衣)에 붙어있는 주머니의 평균적인 크기도 조사했다. 이는 CD를 간편하게 주머니에 넣을 수 있도록 하기 위함이었는데 조사 결과는 평균 14cm였고, 따라서 12cm라는 CD 크기는 그에도 잘 부합하는 것이었다.

한편 CD 한가운데의 홈은 직경 1.5cm의 크기를 가지고 있다. 이 홈은 CD를 안정적으로 고정하여 회전 시키는 축의 역할을 담당하는데, 당시 CD 개발에 참여했던 필립스의 한 직원이 점심시간에 주머니에서 꺼내 놓은 10센트짜리 네덜란드 동전이 우연하게 그 크기를 결정한 것이라는 이야기가 전해진다. 앞의 그림에서 보았듯이 말이다.

개발 초창기에 CD로 제작되었던 주요 레퍼토리들은 대개가 고전음악들이었다. 고전음악을 즐기는 사람들 가운데 오디오 마니아가 많았기 때문이고 또한 CD의 우수한 음악적 성능을 과시하기 위해선 고전음악의 선택이 비교적 적절했기 때문이다. 많은 레코드사들은 고전음악을 CD에 수록해서 판매하여 커다란 상업적 성공을 거두었고, 그전까지는 전혀 고전음악을 취급하지 않았던 워너(Warner) 레코드사도 고전음악 전문 레이블을 인수하는 등 적극적인 고전음악 판매에 나섰다. CD와 CD 플레이어는 상대적으로 고가의 제품이었으므로 소비자들의 구매욕을 자극하기 위해서는 CD가 LP나 테이프보다 우월한 음악 미디어라는 것을 증명하는 일이 필요했던 것이다.

한국의 경우, 수입된 CD의 경우는 어떠했는지 잘 모르겠지만 국내에서 처음으로 CD가 만들어진 것은 1986년 SKC에 의해서였다. SKC는 당시 CD의 보급을 위해 광화문의 예음홀이라는 연주 공간에서 CD 음악 감상회를 정기적으로 개최하기도 하였는데 이 역시 CD의 음악적 질의 차별화를 드러내고

하이엔드 오디오 마니아들의 구매욕을 자극하기 위한 수단이
었을 것이다.

극복, 성공, 발전 등의 낱말이 CD의 등장과 함께 지속적으
로 등장할 수 있었던 데는 무엇보다도 비싼 CD의 가격이 한
몫을 했다. CD는 실제로 LP와 음질의 차이가 그렇게 두드러
지지 않음에도 불구하고 사람들로 하여금 가정의 거실에 놓여
있던 오디오 기기들을 교체하게 했음은 물론, 음반사들은 같
은 음반을 이전의 두 배 가격에 팔아버리는 것이 가능하도록
만들었다. 이 가격에 사람들은 별다른 저항을 하지 않았고 과
거와 달리 완전히 단일한 포맷으로 상업화된 CD의 규격 속에
서는 별다른 가격 경쟁도 일어나지 않았다. '33⅓ 대 45'의
대립구도가 만들어냈던 긴장도 없이 CD는 안정적으로 음반
산업체들의 이익을 키워 주었다. 결국 지난 1990년대에 이르
러 음반업체들은 CD가격에 대한 담합 혐의로 미국 법원에 피
소되어 상당한 금액의 벌금을 물어야 했다. 담합을 통해 부당
하게 높은 가격을 유지했다는 것이 판결의 이유였다.

이는 사실 우리나라의 현실에서도 마찬가지다. CD의 제작
비와 테이프의 제작비는 전혀 차이가 없는데도 거의 두 배 정
도 차이가 나는 소비자 가격을 유지해 왔으니 말이다. 따라서
결론은 CD의 불공정거래를 통해 소비자들을 대상으로 음반업
자들이 부당 이득을 챙겼다는 것, 또는 피땀 흘려 만든 자식
같은 존재인 테이프를 손해를 보면서까지 시장에 냅다 덤핑
처리했다는 것, 둘 중 하나다. 만일 전자라면 진즉에 CD 가격

을 내렸어야 했던 것이고 후자라면 요즘 음반이 안 팔린다고 해서 창작자들이 굶어 죽게 생겼다는 읍소(泣訴)가 모두 거짓말이 되는 셈이다.

가격에 관련된 또 하나의 이야기가 있다. CD 가격이 LP의 두 배쯤으로 책정된 것은 '반영구성'과 '놀라운 음질'이라는 특징에 힘입은 바가 크다. 정말 그런지 정확히는 모르겠지만 어쨌든 CD는 그러한 이미지로 세상에 안착하였다. 알다시피 LP보다 CD의 음질이 정말 더 좋은지에 대해서는 아직도 논란이 있다. CD가 주파수의 형식적인 재현 능력은 뛰어나지만 아날로그의 연속성에서 오는 따뜻하고 자연스런 느낌은 갖고 있지 못하다는 주장이 CD의 등장 이래로 끊이질 않는다. 실제 숫자(digit)에 의한 각종 지표로 따지자면 CD의 음질이 훨씬 좋은 것이 사실이지만 LP 애호가들은 '따뜻함이 없어'라는 말 한마디로 대화를 종결한다. LP 애호가들의 주장이 괜한 '오버'라고 여겨지는 측면도 없지 않지만 한편으로는 인간이 듣지 못한다고 여겨지는 높은 주파수의 배음들을 무자비하게 삭제해버리는 디지털 녹음 및 저장 방식이 지닌 문제점일 가능성도 적지 않다. 들리지는 않는 소리이지만 높은 주파수 대역의 배음들은 들을 수 있는 주파수 대역의 소리들과 어우러져 다른 제3의 배음들을 자연스럽고 부드럽게 만들어주는 까닭이다. 사실 CD가 인간의 청각적 한계를 모두 커버하는 것이라는 주장이 타당한 것이었다면 요즘의 SACD(Super Audio CD)나 DVD-Audio와 같이 24비트, 192KHz 등의 어마어마한 규격이 차세대 오디오 표준으로 언급되는 일이 없어야 되는 것이 아닌가 싶다. 결국 음질 상승에 의한 가격 상승이라는 요소는 잡음 등의 요소를 고려할 때 완전히 부정할 수는 없겠지만 그렇다고 해서 곧이곧대로 받아들일 수도 없는 것이다.

음질보다 더 문제가 되는 것은 반영구성에 의한 가격 상승 논리이다. 음반업계의 논리에 따르자면 CD란 매체는 100년이 지나도 지금의 감동을 그대로 유지할 수 있는 것이어야 한다. 내구성의 보장을 할 수 없다고 여겨지는 LP와는 차원이 다른 것이어야 한다. 그러나 알고 보니 CD도 누가 얼마만큼의 정성으로 만들었느냐에 따라 수명이 다른 것이었다. 사용기한을 넘긴 CD들이 이미 여기저기에서 등장하고 있기 때문이다. CD의 디스크 윗면의 페인팅이 녹는 문제가 발생되기도 하였으며 CD를 구성하는 물체들 접합 부분에서 산화 작용이 일어나 CD의 수명이 끝나는 경우가 곳곳에서 발견되고 있는 중이다.

아마도 CD플레이어의 경우에는 보다 핵심적인 문제에 봉착할 것이다. 왜냐하면 CD플레이어의 고장은 생각보다 빈번하기 때문에 멀지 않은 미래에 CD플레이어의 양산이

CD의 영구성에 대한 논란 기사를 담고 있는
2004년 10월 19일자 BBC 뉴스.

끝나게 되면 CD플레이어는 여전히 돌고 있는 턴테이블 뒤편에서 고장 난 채로 먼지를 뒤집어쓰고 버려져 있을지도 모를 일이기 때문이다. 그리고 안타깝게도 이것은 지금 현실화되어 가고 있다. 그 놀랍다던 CD의 영구성이 확인되기도 전에 CD의 생명은 탄생 20여 년 만에 약속된 수명의 절반도 채우지 못하고 낡은 CD 플레이어에 담겨져 절벽 끝을 향해 걸어가고 있는 중이다. 이미 음반 업계는 음악 디스크 표준을 SACD 혹은 DVD Audio 포맷으로 교체하려 하고 있다.

더 중요하고 결정적인 타격은 온라인에서 시작되었는데, MP3 등의 파일 포맷이 상당한 속도로 재생 미디어의 표준을 장악해 나가고 있다는 것이 그것이다. 많은 이들은 이미 CD의 조기 사망을 기정사실화하고 있다. 그러니 영구성을 근거로 높은 가격을 책정하고 강요했던 것은 완벽한 거짓말이자 한 편의 사기극이었던 셈이다.

마음을 좀 가라앉히고…… 어쨌든 CD의 개발은 음반 산업의 울타리를 뛰어 넘고 PC와 만나면서 또 다른 역할을 수행해 내기 시작했다. CD롬으로 가지를 뻗어나간 CD 제작 기술은 아직도 어느 정도는 제한적인 온라인의 전송 속도와 저장 능력의 한계에도 불구하고 많은 이들로 하여금 묵직한 정보들을 쉽게 다루고 쉽게 간직하며 친구들과 나눌 수 있게도 만들어 주었다. 무엇보다도 가격이 너무 쌌고 그걸 자유롭게 편집할 수 있도록 도와주는 CD라이터(writer)와 소프트웨어들이 너무 빠른 속도로 대중들의 욕구를 채워 주었다.

CD의 등장은 음악적으로도 타이틀곡이라는 개념과 그 음악의 배치를 보다 자유롭게 만들어 주었다. 한국의 경우는 그 성과라고 할 만한 것이 그다지 쉽게 눈에 띄지 않지만, CD의 등장은 음반의 구성이 좀더 '앨범다워질' 수 있는 조건, 즉 앨범의 컨셉을 더 잘 살릴 수 있는 조건을 만들어 준 것이다. LP가 핵심적인 음악 미디어였던 시대에는 웬만하면 A면 1번, B면 1번에 앨범의 타이틀곡을 배치해야 했다. 그것은 단지 앞선 순서 때문만이 아니라 음질의 문제이기도 했다. LP는 바늘의 위치에 관계없이 가장자리와 복판의 각(角)속도가 일치한다. 같은 시간에 같은 각도를 회전하게 된다는 말이다. 이렇게 되면 같은 각도라 하더라도 반지름의 크기에 따라 호의 길이가 달라지는 것처럼 바늘이 지나치는 레코드 그루브의 길이도 달라지게 되어서 필연적으로 가장자리의 경우에는 선속도(바늘이 음반 위를 지나가는 속도)가 엄청나게 빠른 반면, 가운데에서는 상대적으로 훨씬 느릴 수밖에 없다. 때문에 가장자리에 자리 잡은 1번 트랙이 더 많은 정보량을 지니게 되고 상대적으로 음질이 더 좋을 수밖에 없다. 그래서 타이틀곡은 언제나 양면의 제일 가장자리인 1번 트랙에 위치할 필요가 있었던 것이다.

그러나 CD는 각속도가 다르고 선속도가 같다. CD는 가장자리로 갈수록 놀아가는 속도가 느려진다는 뜻이다. CD를 플레이어에 넣고 돌아가는 모양을 구경하면 처음엔 정신없이 빨리 돌아가던 것이 시간이 지날수록 천천히 돌아가는 것을 쉽게 확인할 수 있다. 그것은 CD의 저장 위치에 상관없이 같은 시간에 읽어 들이는 정보량을 일정하게 하기 위한 것이다. 이를 통해서 웬만하면 A면 1번 트랙, B면 1번 트랙에 타이틀곡이 자리 잡도록 만들어야만 했던 기술적인 제약이 해소되었다. LP와 달리 CD에서는 트랙에 따른 음질의 차이가 사라져 버린 것이다.

한편, CD의 등장을 통해 과거의 올드 레퍼토리들도 다시 등장하기 시작했다. CD를 통해 과거의 음반을 재발매하는 것은 이미 과거에 만들어 놓았던 마스터 음반을 재활용하는 것이기 때문에 음반 회사의 제작비용 부담이 크지 않았다. 그런데 이러한 옛날 음반을 CD 포맷으로 바꾸어 매장에 다시 진열하자 의외로 많은 올드 팬들이 자신들이 이미 LP나 테이프로 샀던 음반을 CD로 다시 사는 풍경이 펼쳐졌다. 좋아하는 음악을 깨끗하게 또 오래도록 듣고 싶어서였던 것이다. 이렇게 해서 음반사들은 창고에 쌓여 있던 수많은 올드 레퍼토리들을 CD로 다시 찍어 돈을 벌어들일 수 있게 되었다. 투자비용도 거의 없이 레코드 회사들은 쏠쏠한 이익을 챙길 수 있었던 것이다. 이러한 정황 역시 음반 산업이 다시 급성장하게 되는 하나의 요인이 되었다.

# 새로운 반복, MP3

1999년부터 2000년에 걸쳐 고속 통신망이 급격하게 대중화되던 시점의 인터넷을 가장 뜨겁게 달구었던 존재는 널리 알려져 있는 것처럼 바로 '냅스터 Napster'였다. P2P라고 불리는 파일 공유 기술의 존재와 의미, 힘을 대중적으로 전파하고 각인시켰고, 오프라인의 수많은 법령과 강제들이 냅스터로 인해 한 순간에 우스갯거리가 되기도 했다. 많은 사람들은 냅스터의 미래가 온라인의 미래를 결정할 것이라고 떠들어댔다. 그러나 냅스터가 문을 닫은 지도 벌써 5년쯤은 더 된 것 같은데 미래가 결성되기는커녕 질서는 점점 더 복잡하고 우발적인 문제들과 조우하고 있다. 대다수 네티즌들이 익숙해져 있던 온라인의 공익적인 정보공유 문화는 점점 위축되어 가는데 정보공유의 당대적 키워드라고 할 수 있는 P2P라는 시스템은 비교적 보수적일 가능성이 있는 법원으로부터 지속적으로 '정당한 기술'이라는 판결을 얻어내고 있다. 그럼에도 정보공유의 문화가 계속 위축되고 있는 것이 오프라인의 낡은 논리가 인터넷으로 자꾸만 기어들어오기 때문인 것만은 아니다. 외려 한

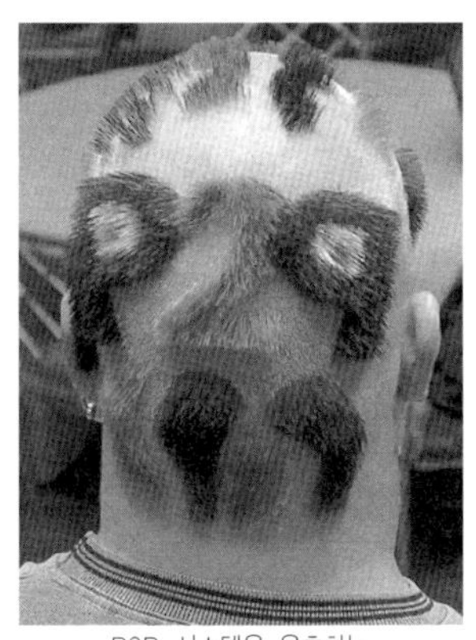

P2P 시스템을 옹호하는
어느 두발 시위자의 모습.

심하게도, 현재 새롭게 구성되고 있는 온라인의 세상에 대해 오프라인에서보다도 더욱 낡고 치졸한 논리를 만들어서 적용하려는 구시대의 인물들과 철학들이 판을 치고 정치인과 행정가들은 그를 두둔하고 있기 때문이다.

어이없게도 낡은 질서에 젖어 있는 이들의 논리적 핵심은 '온라인에서는 사적 영역이 없다'라는 걸로 요약될 듯 하다. 쉽게 말하자면 P2P와의 싸움에서 연전연패한 '구시대의 주역'들이 최후의 수단으로 '눈 가리고 아웅'보다도 유치한 'P2P 없다' 전술을 채택하여 막무가내로 그것을 밀어붙이고 있는 것이다. 개인의 블로그가 됐든 싸이월드의 미니홈피가 됐든, 또 어느 웹페이지가 되었든 간에 다른 사람의 페이지를 퍼 담아 두거나 사적으로 복제를 실행하면 그것은 이제부터 '반칙'이라는 것이다. 아니 툭 까놓고 이야기해서 사적 복제란 것은

이제 세상에 없는 걸로 하잔다. '사적 영역'이란 무릇 저작권법상 창작자들의 이익 보호가 소비자의 정당한 권리를 부당하게 침해하지 못하도록 우리 사회가 법적 절차를 통하여 자유로운 복제와 향유의 공간으로 규정한 곳이다.

그런데 우리가 꼭 한 가지 알아두어야 할 것은 온라인은 복제를 통해 생성되는 세계란 사실이다. 누군가의 서버에 있는 정보가 나의 접속과 동시에 내 PC에서 복제되는 순간과 함께 온라인 세계가 생성되기 때문이다. 그러나 더 당혹스러운 것은 이처럼 말도 안 되는 '눈 가리고 아웅' 전술이 조금씩 먹혀들고 있다는 것이다. 저작권법이 넘어서는 안 될 선을 자꾸 넘으려 하고 있기 때문이다. 그리고 가끔은 진보 혹은 개혁적인 것처럼 자신을 드러내는 창작집단들 역시 이러한 낡은 세계관에 슬쩍 편승하려는 모습을 보이는 경우가 있어 더욱 당혹스러울 때도 있다.

이러한 논란과 사회적 혼란이 음악적 영역에서는 모두 MP3를 그 표상으로 삼아 왔기에 서두에 시절타령을 조금 길게 늘어놓았던 것이다 MP3는 이처럼 당대의 모순과 갈등을 집약적으로 보여줄 뿐만 아니라 음악적 영역에서 보더라도 역사적인 모순과 갈등, 그리고 진보와 퇴보의 다양한 내력을 제 한 몸에 그득그득 채워둔 존재라 할 수 있다.

MP3를 풀어쓰면 'MPEG Audio Layer-3'가 되고, MPEG을 풀어 쓰면 'Moving Picture Experts Group'이 된다. 즉, MP3라는 것은 효율적인 동영상의 압축을 위해 MPEG에 의해 개발

된 오디오레이어 가운데 세 번째의 것이란 이야기이다. 애당초 비디오 한 편 분량을 CD 한 장에 온전히 집어넣을 목적으로 고안된 것이었으니 꽤나 오랜 시간동안 지속되어 온 'MP3 주연 무협 드라마'는 딱히 의도되었던 것이 아닌 '예상치 못한 효과'로 보는 것이 맞겠다. '비아그라'와 같은 다른 '위대한 발명'들 역시 그러했듯이 말이다. 한편 오늘날 MP3로 표상되는 어떤 현실적이고 역동적인 관계의 형성을 위해서는 월드와이드웹(World Wide Web)이나 하이퍼텍스트(Hypertext), P2P, 고속통신망 등의 조건들이 더 필요했다.

흔히 MP3의 음질을 두고 'CD급의 음질'이라는 표현을 쓰는데 이는 그리 타당한 이야기는 아니다. 조금 과장해서 말한다면 5백 원짜리 온보드(On board) 사운드카드와 5백만 원짜리 오디오카드의 해상도가 스펙에서는 비슷해보여도 실제 소리에서는 상당히 다른 것과 같은 이치라 하겠다. 같은 16Bit, 44.1MHz, stereo의 스펙이라 하더라도 그것을 코딩(coding)하고 컨버팅(converting)하는 방법에 따라 소리의 차이는 천차만별이기 때문이다. 다른 한편으로 'CD급'이라는 표현은 최상급이라고는 할 수 없지만 지금 시점에서 그것을 즐기기에 상대적으로 무난한 수준을 지니고 있다는 뜻이기도 하다. 엄밀히 말해서 MP3의 음질이 CD의 음질과 동등하다고는 할 수 없겠지만 어쨌든 '그 정도면 됐다' 쯤은 된다고 볼 수 있는 것이다. 어차피 소수 극성스러운 오디오 마니아가 아닌 다음에야 보통사람들이 음악을 듣는 환경은 대개 거기서 거기이며 오디오

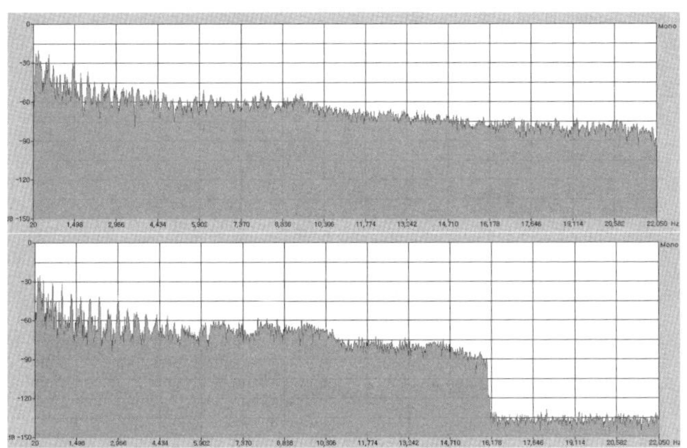

CD 포맷의 음악과 MP3 포맷 음악의 주파수별 파형 분포. 위의 것이 CD이며 아래의 것이 128Kb의 해상도로 코딩한 MP3이다. CD를 MP3로 코딩할 경우 고음 성분이 상당부분 잘려져 나가고 저음 부분이 약간 성기게 변하게 되는 것을 그림을 통해 확인할 수 있다. 물론 그림에서 시각적으로 다가오는 변화의 크기와 실제 청각적으로 인지하는 변화의 크기에는 다소간의 갭이 있다.

장비들도 대개가 비슷한 까닭이다. 또한 전철에서, 길에서 이어폰을 통해 듣는 음악을 두고 CD와 MP3의 구별을 논하기엔 어딘가 쑥스럽고, 조용한 집에서 듣는다 하더라도 가장 많이 사용되고 있는 10만 원 전후의 CDP들의 경우 CD의 해상도를 온전히 구현해 내기에는 한참 모자라는 오디오기기가 대부분이다. 더구나 테이프를 통해서도 음질에 대한 불만 없이 즐거운 음악 생활을 유지한 사람들이라면 MP3의 음질이 문제될 경우는 사실상 거의 없다고 봐도 무방할 것이다.

MP3를 코딩하는 기술적인 핵심은 음향심리학에 그 기초를 두고 있다. 사운드는 일반적으로 사용되는 파일압축 기술에 의한 압축 가능성이 거의 없는 까닭에 용량을 줄이려면 사람의 심리를 이용한 기술적 처방이 필요했다. 예컨대 총소리를 듣고 나면 한동안 귀가 멍하고 띵해서 다른 소리들이 잘 들리지 않는 것과 마찬가지로, 큰 소리 뒤에 등장하는 작은 소리들은 잘 들리지 않는다거나 혹은 큰 소리가 날 때 그 인접 주파수의 소리들은 거의 색깔을 드러내지 못한다거나 하는 등의 생리적인 반응과 청각적 습관을 응용하는 것이다. 그래서 '못 듣는다'고 판단되는 부분, 또는 실제로 못 듣는다기보다는 청각이 소홀하게 다루는 범위의 소리들을 과감하게 삭제해 버리는 처리법을 사용한 것이 바로 MP3 파일이다. 그러나 '든 사람은 몰라도 난 사람은 안다'고 했던 것처럼, 소홀히 했던 부분이 삭제되는 순간 어떤 사람들은 '뭐, 괜찮네'라고 반응하는 반면 어떤 사람들은 '뭔가 허하다'고 반응하게 된다. 때로는 허한 것과 괜찮은 것 사이에서 별 영양가 없는 자랑과 구박이 뫼비우스의 띠처럼 끝없이 이어지기도 하고 말이다.

이처럼 MP3는 편의성과 경량성을 자신의 주요한 장점으로 취하는 반면 사운드의 질적 발전에 역행하는 단점을 지니고 있다. 하지만 편의성은 양적 발전을 가져오게끔 되어 있고 그것은 결국 전체적인 질적 발전으로 귀결되게 마련이다. MP3와 마찬가지로 사운드의 일시적인 질적 하락을 통해 양적 성장을 이루고 그를 통해 궁극적으로 재도약을 이루는 과정은 사운드의 역사에서 늘 반복되어 왔다. 릴투릴테이프가 LP와 카세트테이프에게 쫓겨난 것이 그렇고 LP가 CD에게 자리를 내준 것이 또 그러하며 심히 과감하게 말하자면 아날로그가

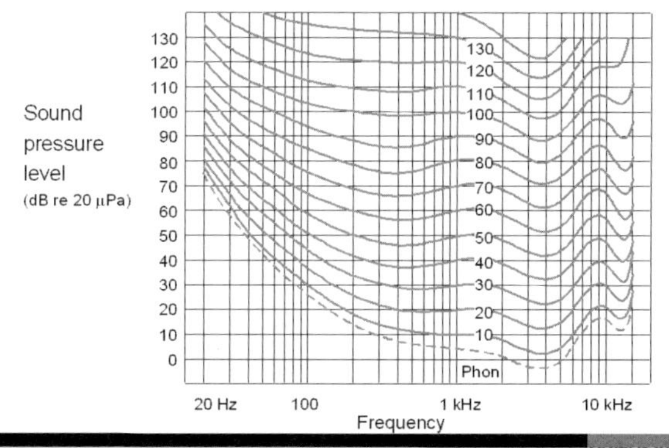



각 주파수의 순음에 대하여 같은 크기레벨로 느끼는 각 주파수별 음압레벨을 연결한 선 그래프이다. 일반적으로 등청감곡선 그래프라고 부른다.

디지털에게 자리를 물려준 것이 또 그러하다. 그러나 이 오랜 과정을 통해서 사운드의 질이 궁극적으로 하락해 왔다고 말하는 것은 대단한 용기를 필요로 한다.

MP3라는 새로운 저장 및 재생 장치가 등장하는 과정은 앞서 간략하게 이야기한 바와 같다. 조금만 덧붙이자면 MP3의 등장은 음반 산업 자본의 효과적인 투사와도 관련이 깊다는 점이다. 이미 각종 멀티미디어 서상장지 등을 세롭게 만들어 내는 과정에서 경쟁에 의한 투자 위험을 경험했던 자본은 독점의 욕망을 '이거내고' 공동의 표준 포맷을 원하게 되었던 것이다. MPEG의 구성과 활동은 그러한 정황을 보여준 것이다. 이 과정까지만 하더라도 MP3는 그들이 제어할 수 있는 대상으로 여겨졌으나 실제 MP3가 대중들에게 유통되기 시작하면서 그들에게는 생각지도 못했던 '부작용'들이 나타나기 시작하였고 지금 대다수의 사람들에게는 이 '부작용'이 MP3의 핵심적인 캐릭터로 각인되어 있다. 앞에서도 보았듯이 그 모든 '부작용'은 전 세계적으로는 '냅스터', 우리나라에서는 '소리바다'로 표상되어 왔으며 한국에서는 아주 독특하게 '벅스뮤직'이라는 모델이 그 와중에 돌출되어 있었다. 이미 힙합 가수 조PD의 등장과정을 통해서 MP3가 지니고 있는 새로운 캐릭터를 부분적으로 보여준 적도 있었지만 알다시피 조PD는 PC통신 시대의 기억이다. MP3가 무협드라마의 진정한 주인공으로 나서는 데에는 수많은 조연과의 합동 연희가 필요했는데 그 중 주연급에 해당하는 조연들을 꼽아보자면 앞서 이야기했던 바와 같이 P2P, 고속통신망, MP3플레이어 등이 아닐까 한다.

무엇보다도 가장 두드러진 역할을 담당했던 것은 P2P라는 새로운 정보 커뮤니케이션 시스템이어서 사실 P2P와 단절된 MP3란 상상하기도 어려운 것이 되어 버렸다. P2P로 말하자면 세기말에 창조된 아주 놀라운 발명품이라기보다는 오히려 인터넷의 기본 원리 혹은 기원이라고 보는 것이 옳을 것이다.

인터넷의 출발은 애당초 P2P 개념으로부터 비롯된 것이었다. 하나의 PC가 통신망을 이용해서 다른 PC로 접근, 정보를 나눌 수 있도록 하는 것이 인터넷의 기본 목적이었기 때문이다. P2P는 이처럼 자유롭고 빠른 소통을 가능하게 해주는 시스템인 까닭에 2005년 6월, 미국의 대법원 판결이 등장하기 전까지 그 어느 나라에서도 이에 대해 '유해' 혹은 '부작용' 판정을 내린 경우가 없다. 사실상 미국 대법원 판결의 경우도 P2P 자체가 아니라 P2P를 배포한 회사의 태도에 대한 결정에 가까운 것이었다. 게다가 이러한 판결의 배경에는 미국이 IT 보다는 문화산업에 상대적으로 더 많은 산업적 이점을 갖고 있다는 사실이 자리 잡고 있다는 것도 놓치지 말아야 할 부분 이다. Sony의 VCR 기기에 대한 판례를 뒤집은 이 판결이 내 려진 이후 미국 IT 업계는 첨단 기술 발전이 위축될까 하는 우려를 감추지 못하고 있다.

MP3의 드라마틱한 여정에서 고속통신망이 수행한 역할도 작은 것은 아니었다. 사실 조PD가 처음 화제가 되었던 시절로 말하자면 MP3라고 해도 청취자들에게 요구하는 비용이 적지 만은 않았다. 마치 휴대폰으로 500원짜리 음악 파일 하나 받 으려면 접속료로 그 몇 배 이상을 물어야 하는 것과 비슷한데, PC 통신을 이용해서 몇 메가바이트 크기의 파일을 받으려면 최소한 몇백 원쯤 하는 통신요금을 물어야 했기 때문이다. 그 러나 정액제-고속 통신망의 대중화는 아무리 많은 MP3를 업 로드 혹은 다운로드 하더라노 전기세 이외에 특별한 비용을 요구하지 않는 상황으로 대중들을 인도했고 수많은 사람들은 내단히 기쁜 표정으로 기꺼이 '인도 당했다.' 이처럼 음악 산 업 자본의 입술이 바짝바짝 타들어가도록 만든 고속통신망 대 중화의 일등 공신은 참 재미있게도 자본의 이해를 대변하기 바빴던 우리나라 행정부였다. 또 일등 공신 가운데에서도 정말 일등 하나만 꼽으라면 그건 물론 김대중 전 대통령이었을 터이다. 지금도 상찬이 멈추지 않는 고속통신 인프라의 혁명, 물론 이것도 애당초 자본의 이해를 보다 잘 충족시켜내기 위해 이루어진 혁명이었다.

부작용이라는 것은 사전적으로 말하자면 '어떤 일에 부수적으로 일어나는 바람직하지 못한 일'이겠지만 달리 보면 의도가 미처 고려하지 못했던 어떤 효과를 뜻하는 것이기도 하다. 부작용이란 것은 그래서 재미있는 구석이 많은데, MP3의 경우에도 가만히 생각해보면 음악 산업 자본이 자신들의 안전한 미래를 꿈꾸다가 오히려 가장 불안전한 상태로 자신들을 인도한 엉뚱한 경우일 것이다. 또한 자신들 내부에 생각지도 못했던 균열을 스스로 초래한 경우이기도 하다.

문화 산업은 상당한 경우 소프트웨어와 하드웨어 산업이 한 덩어리로 묶여 있다. 예컨대 소니가 소니레코드, 필립스가 폴리그램, 한국에서는 삼성전자가 (망했지만)삼성뮤직, LG전자가 (역시 망했지만)LG미디어를 자회사로 운영하는 등의 방식인데, 메이저 회사들 사이에서는 이것이 일반적인 결합스타일이다. 예전에는 하드웨어와 소프트웨어가 '쌍끌이'로 기능했기 때문이다. 레코드가 잘 팔리면 관련 하드웨어들도 잘 팔리게 마련이었고 레코드 포맷이 바뀌면 기기교체 바람을 타고 하드웨어 회사들은 커다란 이익을 남길 수 있었다. 하지만 MP3의 등장은 이 쌍끌이의 연결 사슬을 확 끊어버렸다. 예를 들어 소니의 경우 하드웨어 제조 부문의 입장에서는 시대 흐름에 맞게 MP3플레이어를 오디오기기 시장의 중심으로 내세워야 했지만 MP3의 대중화로 어려움을 겪고 있는 소니레코드 입장에서 보자면 그건 그저 믿는 도끼에 발등을 찍히는 일일 따름이었다. 이와 같은 낯선 딜레마 속에서 결국 뒤늦게 소니 브랜드의 MP3플레이어가 등장하였지만 소니의 명성을 감안하면 꽤나 초라한 모습에 머물고 있는 형편이다. 자신들이 듣도 보도 못했던 조그마한 한국의 중소기업들의 제품보다도 못한 플레이어로 대접받는 걸 감수해야 할 처지가 돼버렸으니 말이다.

이상의 경우가 일종의 해프닝에 가까운 것이라면 유통의 문제, 저작권의 문제는 비교적 구조적인 문제일 듯하다. 변화의 과정이 일정한 사회적 갈등을 야기해 왔고 아직까지도 여전히 그 문제가 풀리지 않았기 때문이다.

MP3라는 새로운 저장 미디어가 음악 사회에 전해준 '부작용' 중 가장 극적인 것은 아마도 유통 방식의 변화가 아닐까 한다. 기존의 저장 미디어들 예를 들어 LP, 테이프, CD 등은 모두 유통에서의 '일방성'을 그 특징으로 하고 있다. 생산자와 소비자가 명확하게 구별되어 있으며 유통은 생산자가 특정한 포맷에 특정한 경로를 지정함으로써 이루어지기 때문에, 소비자가 참여할 수 있는 가능성은 극도로 제한되어 있었던 것이다. 그러나 MP3로 표상되는 음악 파일의 등장은 이러한 일방적인 음악유통 구조를 붕괴시켰다. 업자들의 고유한 영역이었던 유통의 영역에 다수의 소비자들은 깃발을 꽂아버렸다. 음악은 온라인을 타고 사방천지에서 사방천지로 유통되고 있으며 이러한 새로운 유통구조를 확산시키려는 이들과 철폐시키려는 이들 사이에서 총성 없는 전쟁은 지금도 진행형이다. 누가 이기든 타격은 있을 터이지만 만족스러운 절충의 가능성이 그다지 커 보이지는 않는다.

MP3가 지닌 수많은 성격은 디지털 공화국의 다른 비전들과도 쉴 새 없이 연결되고 있다. 당장에는 휴대폰의 컬러링, 온라인의 사적 공간인 블로그나 싸이월드 등의 배경 음악에서 그 모습을 볼 수 있다. 이들은 어찌 보면 새로운 음악 플레이어의 일종이라고도 볼 수 있을 것이다. 그런데 플레이어가 바뀌면 음악도 플레이어의 쓰임새에 가장 어울리게 변화했던 것처럼 '컬러링'과 '홈피 배경음악' 등의 새로운 음악재생 환경 역시 특정한 음악적 필터링을 지속적으로 수행할 듯하다. 근래에 보도되었던 한 일간지의 기사에 따르면 펑크록을 하는 어느 밴드의 리더가 "싸이월드의 미니 홈피에는 내 음악을 올리기가 뭣하다."라고 말했다 하는데, 이 말은 곧 음악의 새로운 유행을 상징적으로 보여주는 것이라 할 수 있을 것이다. 음반기획자로 활발하게 활약하는 어떤 이 역시 벨소리와 컬러링이 주도하는 시장은 10대의 댄스와 발라드만 키우고 진지한 뮤지션들의 음악을 더욱 초라하게 만들고 있다는 볼멘소리를 하였다. 이런 경우는 MP3의 부정적 측면인 듯 여겨지기도 하지만 그건 쌍팔년도에 MTV를 켜 놓고 'Video Killed the Radio Star'를 부르며 세상을 한탄하던 것과 별반 다르지 않다.

TV의 음악이, 심야 라디
오의 음악이, 그리고 클럽
의 음악이 서로 분화되어
존재하는 것처럼 이것은
당연한 것으로 받아들여
야 할 부분일 것이다. 누
군가의 진지한 한탄과 무
관하게 혹은 무심하게 대
중들은 그 길을 그저 신나

「하늘과 물」, 네덜란드의 판화가
에서의 1938년 작품.

게 질주할 것이기 때문이다. 그러니 다만 현명한 자의 할 일이
란 MP3가 분화하는 여러 길을 미리 가늠해보고 스스로 어느
길을 택할 것인가에 대해 진지하게 묻고 선택하는 것일 따름
이다.

한편 저작권의 문제와 관련해서도 MP3의 활약은 실로 대
단한 것이었다. 그 결과가 어느 방향으로 귀결될지는 아직 아
무도 장담할 수 없는 형국이지만 저작권법을 온 국민이 이렇
게 열렬히 숙지하고 비판하여 이 시대 가장 일상적이고 역동
적인 법이 될 수 있게끔 만들어낸 데에 MP3가 기여한 비는
실로 작지 않다. MP3의 등장은 '저작권이라는 기본적인 개념
이 얼마나 불완전한 것인가' '저작권에 관한 법조문이 때로는
어느 정도까지 편파적일 수 있는가' 하는 걸 깨닫게 해 주었
다. 정의를 수호해야 하는 법전이 나를 자유케 하는 것이 아니
라 나를 옭아매려 한다는 비애감도 느끼게 해 주었으며 이 과

정을 통해 비로소 저작권이 단순히 어느 창작자 개인의 권리가 아니라 전 국민의 권리와 연결되어 있다는 것도 알게 되었다. 사실 어찌 보면 MP3가 저작권과의 갈등을 빚었다고만 보기도 어렵다. 영어로 말하자면 저작권이란 것이 'author's right'의 의미가 되겠지만, 그래서 사람들 사이에서 좀더 설득력을 갖는 것이겠지만 실제로는 그 권리의 공식적인 영어 표현이 'copyright'라는 점을 유념할 필요도 있다. 다시 말해 주요한 관심사는 '복제의 권리'에 관한 것이란 이야기다. MP3는 특히나 'copyright'의 문제와 깊이 연관되어 있다. MP3를 두고 '저작권 갈등'을 벌인 것은 사실상 이 복제권을 저작자와 공유하고 있는 음반 산업 자본과 소비자들이라고 보는 것이 더 타당한 지난날들이었다.

# 플레이어의 세계

앞서도 몇 차례 언급했었던 것이지만 LP라는 존재는 그것을 가치 있도록 만들어주는 LP플레이어와 결코 떨어뜨려 생각할 수가 없다. 생각해보면 초창기의 LP 판매는 LP 자체보다는 그 플레이어를 팔기 위한 아이템에 지나지 않았다고 해도 과언이 아닐 정도였다. 당시의 광고들에 따르면 사람들이 LP를 사기 위해서는 '축음기 파는 집'을 찾아가야 했었다. 에디슨의 포노그래프의 경우 자가(自家) 녹음을 주요한 기능으로 삼았던 까닭에 플레이어 위주의 판매 경향은 더욱더 분명했다. LP가 그 자체로 매력적인 상품이 될 수 있었던 것은 축음기가 발명된 후 조금 더 시간이 지나고서부터였다.

닭과 달걀의 관계와 같은 이야기지만, LP가 대중화되려면 플레이어의 보급이 일반화되어야 하는 것이 당연한 이치다. LP의 대중화가 이루어진 계기들은 역사적으로 볼 때 여러 가지가 있었다. 카루소와 같은 매혹적인 상품의 등장도 있었고 전기 녹음 방식의 도입이라는 음질 향상의 측면, 그리고 대중들의 소비 능력의 진전과 같은 것들이 그에 속한다. 그리고 매력적인 플레이어의 등장 역시 그러한 여러 계기들 가운데 어느 요소 못지않게 중요한 하나로 손색이 없다.

플레이어가 가장 극적으로 변모하는 순간이라면 그건 아마도 '포터블'이라는 수식어를 달고 나오는 순간일 것이다. LP의 역사에서 포터블 플레이어가 처음으로 대중화에 성공하기 시작한 것은 제1차세계대전 기간, 병사들의 참호 속에서부터였다. 교착된 전선을 이탈할 수도 없고 그렇다고 참호 속에 쪼그려 앉아 딱히 할 일도 없었던 병사들 앞에 나타난 포터블 축음기는 대단한 선물이었고, 축음기에서 흘러나오는 음악은 참호 속에서의 가장 멋진 오락이었다. 전쟁이 끝난 후 이러한 경험과 성과를 기반으로 포터블 플레이어는 축음기 시장에 돌풍을 일으켰고 LP의 대중화에 커다란 힘이 되었다. 제1차세계대전 당시 참호에 군수품으로 보급되었던 것은 영국의 축음기 회사였던 데카(Decca) 제품이었지만 전쟁이 끝나자마자 수많은 축음기 제조업자들이 포터블 축음기 제조에 나섰다.

병사들이 포터블 축음기를 가지고 다니면서 음악을 즐겨 듣는 습관은 이후에도 지속됨에 따라 세계대전 이후 미국의 대중음악이 전 세계로 퍼져나갈 수 있는 계기도 마련되었다.

미군이 진주했던 세계의 각 지역에서 미군들이 가지고 온 LP
와 포터블 플레이어를 통해 미국의 대중음악이 울려 퍼지게
되었고 많은 나라들의 경우 그로 인해 대중음악의 저변이 교
체되는 결과를 경험하기도 하였다.

포터블의 위력은 새로운 미디어가 등장할 때마다 함께 나
타난다. 포터블이라는 자체가 매력적이거나 혹은 아주 실용적
인 것이었기 때문에 새롭게 등장하는 기록미디어들은 모두 포
터블의 등장을 계기로 세력의 역전을 꾀하였다. 물론 이러한
역전은 업계에 놀라운 부를 선사해 주는 것이었다. 앞서도 살
펴보았지만 카세트가 LP를 누르고 기록미디어의 최강자가 된
데에는 비교적 저렴한 가격, 낮은 기술적 문턱 등의 요소도 있
었을 것이다. 하지만 소니의 워크맨의 등장이야말로 어쩌면
가장 극적인 순간이라 할 수 있을 것이다. 워크맨의 열풍은 그
자체로 카세트의 열풍을 의미했던 것이고 이것은 플레이어의
차원에서 보자면 '포터블'의 극한으로 여겨졌다. 사람들은 워
크맨이 열어준 신세계에 감탄을 연발하였고 그 신세계를 향한
교통수단은 카세트였던 셈이다. 워크맨의 등장으로 인해 이제
는 포터블이 아니라 '휴대용'이라는 개념이 디 잘 어울리게
되었다. 물론 '포터블'을 번역하면 '휴대용'이 되는 것이지만
'설탕'보다 '슈가'가 달고 '건물'보다 '빌딩'이 높은 것처럼 이
두 단어 역시 서로 다른 어감으로 다가온다.

CD라는 새로운 미디어가 등장했을 때도 당연히 휴대용 CD
플레이어가 등장하였다. 처음으로 휴대용이 등장한 것은 CD

최초로 만들어진 휴대용 CD플레이어.
'Just-Jacket-Sized'의 구상을 통해 만들어졌다.
그러나 특히 두께가 3.7cm에 달하고 무게도 거의
삼겹살 한 근 무게에 달했기 때문에 실제로 재킷의
주머니에 넣고 다닐 만한 물건은 아니었다.

가 개발되고 나서 약 5년 후인 1984년의 일이었다. 역시 워크맨으로 한창 주가를 올리고 있던 소니에서 출시했는데 워크맨과 같은 방식으로 휴대하기에는 상당히 버거운 크기였다. CD의 생산이 시작된 시기와 워크맨의 판매가 시작된 해가 모두 1979년으로 같았다는 점을 고려한다면, CD라는 미디어 표준을 고안하는 과정에서 워크맨과 같은 개념의 휴대 방안은 고려되지 못했었을 것이라고 쉽게 예상할 수 있다. 앞에서도 살펴보았듯 CD를 개발할 때 상의 주머니 크기를 조사했던 걸 보면 휴대의 편리성을 고려하지 않은 것은 아니었지만 그러나 그것은 단지 CD 알맹이의 휴대만을 고려했던 것이지 플레이어의 휴대까지 고려했던 것은 아니란 이야기다.

이런저런 노력 끝에 결국 1991년에는 CD의 장점과 워크맨 이상의 휴대성을 종합한 새로운 규격의 MD(Mini Disc) 미디어가 대중들 앞에 선을 보이게 되었다. 이것 역시 편리한 휴대를 목적으로 소니에 의해 개발되었다. 우리나라에서는 별다른 반응을 얻지 못했으나 일본에서는 상당한 수준의 대중화에 성공하였고 세계 시장에서도 어느 정도 성공을 거두는 듯 했다. 그

러나 애석하게도 이미 때늦은
감이 있었다. MD가 등장한 바
로 이듬해인 1992년에 MP3
오디오의 개발이 완료되고 말
았기 때문이다. 얼마 전 소니
의 CEO 역시 스스로의 발언
을 통해 휴대용 플레이어 시
장에서 MD가 실패했음을 공
식적으로 인정하기도 하였다.
사실 MD는 그전까지의 모든
미디어들과 비교했을 때 상당

플레이어를 최소형으로 만들기 위한 노력의
결과물 가운데 하나. CD의 상당부분이
플레이어 바깥으로 돌출되어 있다.

히 훌륭한 존재였던 것이 사실이지만, 그러나 그것은 어디까
지나 'MP3가 등장하기 전까지'라는 전제 하에서만 가능한 판
단이었다.

MP3를 중심으로 한 디지털 파일이 차세대 오디오 표준으
로 자리 잡으면서 수많은 변화가 일어남에 따라 플레이어의
영역도 예외가 될 수는 없었다. MP3의 등상은 난데없이 PC를
오디오 플레이어로 바꾸어 놓았다. PC가 새로운 오디오 플레
이어로 변모하게 되자 이번에는 PC의 주인들이 낡은 플레이
어늘을 가만 두지 않았다. 1960년대 이래 청소년들의 방 안에
서 '상상의 공동체'를 구현해 주던 오디오 전용기기들이 문
밖으로 내동댕이쳐졌고 레코드 산업에서의 소프트웨어와 하
드웨어의 고전적인 '쌍끌이' 시스템이 처음으로 파괴되었다.

MP3가 P2P와 만나면서 대규모의 유통이 이루어지자 휴대용 MP3플레이어의 시대도 성대하게 막을 올리기 시작했다. 휴대용 MP3플레이어의 성장 속도는 무척 대단한 것이어서 본격적인 대중화에 나선 지 몇 년이 채 안돼 벌써 오디오 가전의 최고 자리에 올라섰다. 재미있는 것은 그동안 오디오기기 시장을 석권해 왔던 소니, 필립스와 같은 거대 전자기업들을 제치고 컴퓨터 제조회사였던 애플(apple)사가 MP3플레이어라는 오디오 기기의 최대 제조업체가 되었다는 사실이다. 플래쉬 메모리를 이용한 MP3플레이어 부문에서 세계 최고의 회사로 우뚝 선 한국의 조그마한 중소기업 거원(cowon)사의 경우는 물론 더욱 극적이다.

MP3는 알다시피 이전의 오디오 미디어들과 달리 파일방식의 '무형(無形)' 미디어이다. 따라서 MP3플레이어의 경우는 그 외장(外裝) 디자인을 하는 데 있어서 아주 기초적인 몇 가지의 요소를 제외하고는 거의 아무런 제약이 없는 특징을 지녔다. 휴대성의 극대화는 말할 것도 없거니와 플래시 메모리 및 하드드라이브 기술의 발전 양상에 따라서 거의 용량의 제한이 없는 수많은 트랙들을 담아낼 수 있게 되었다. 슬슬 수요가 커지고 있는 하드드라이브 플레이어의 경우 요즘은 20-40G의 크기가 대세를 이루고 있다. MP3 한 곡당 5M로 따졌을 때 한꺼번에 4,000-8,000곡을 플레이어에 담을 수 있다는 이야기다. 이는 CD로 따지자면 400-800장에 해당하는 것으로, 하루에 매일 음악을 한 시간씩 듣는다 치더라도 1~2년을

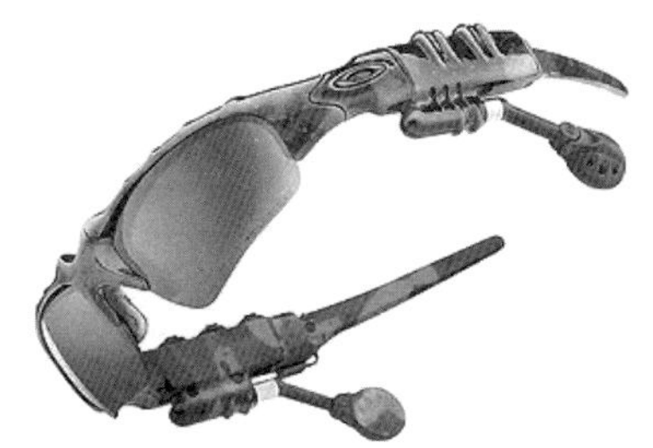

선글라스에 장착된 MP3플레이어.
중간에 돌출된 이어폰이 이채롭다.

꼬박 들어야 간신히 다 들을 수 있는 정도의 분량이니 지난날의 플레이어들과는 개념이 달라도 너무 다르다.

플래시 메모리는 엉뚱한 방식으로 활약을 펼치고 있다. 이미 휴대폰이나 카메라, 전자사전과 MP3플레이어를 결합시키는 수준을 넘어 최근에는 의복, 선글라스 등과 같은 곳에까지 플레이어가 장착되고 있다. 한마디로 '당신의 귀가 놀고 있는 한 어떻게든 음악을 듣게 해드리겠다'는 뜻이다. 이렇듯 MP3 시대의 플레이어는 결국 그 누구도 음악을 듣지 않을 수 없는 환경으로 사람들을 이끌어가고 있는 중이다.

조금 다른 이야기지만 이 부분에서 잠시 저작권 문제를 조금 언급하는 것도 괜찮을 듯 하다. 얼마 전 한 휴대폰 제조업체에서 MP3기능을 휴대폰에 장착한다고 하여 온 나라가 시끄러웠던 적이 있었다. 그런데, 앞의 마지막 말을 기억해보자. MP3플레이어의 진화는 결국 모든 사람들로 하여금 음악을 듣지 않을 수 없게 만드는 방향으로 세상의 흐름을 만들고 있는 중이라고 했다. 당장의 음반 판매량이 어떻게 될지는 모르겠지만 분명한 것은 MP3와 그 플레이어의 진화로 인해 음악이 보다 일상적으로, 보다 많이, 보다 가깝게 우리 곁에 존재하게 될 것이라는 사실이다. 사람들이 일상적으로 음악과 긴밀하게 결합해서 살아가게 된다면 음악 사회는 어떻게 변할까? 모르긴 해도 음악의 사회적 쓰임새가 많아질 것이고 음악을 둘러싼 다양한 논의들이 각종 지면에 풍요롭게 등장할 것이다. 풍요로운 논의는 다시 알찬 창작으로 이루어질 것이며 음악의 수준이 높아지면 높아질수록 사회적 쓰임새는 더욱더 늘어나게 될 것이다.

이러한 징후는 이미 곳곳에서 나타나고 있다. 음반의 판매량은 대폭 하락했다고 곳곳에서 아우성인 반면, 음악을 들을 수 있는 환경은 온라인 공간을 정점으로 해서 계속 늘어나고 있다. 음반 판매 수입은 줄고 있지만 음악 산업 전체의 매출은 경제 불황에도 불구하고 높은 성장을 기록하는 중이다. 실제 창작을 담당하는 이들의 소득증감 여부에 대해서는 분명한 근거가 나타나지 않지만 그들의 합리적이고 안정적인 소득이라 할 수 있는 저작권에 의한 수입은 빠른 속도로 늘어나고 있다.

세계에서 가장 거대한 음악 시장인 미국의 경우, 제조업으로서의 음반 시장은 축소되었지만 음악 창작자들의 저작권 수익은 오히려 지속적으로 증가하고 있다는 소식이 작년에 이어 올해도 들려오고 있다. 특히 세계의 음악 시장을 주도하고 있는 미국 저작권자들의 소득은 자국 내에서보다 해외에서 더욱 높은 수준으로 상승하였다. 저작권이 엄격하게 지켜지고 있는

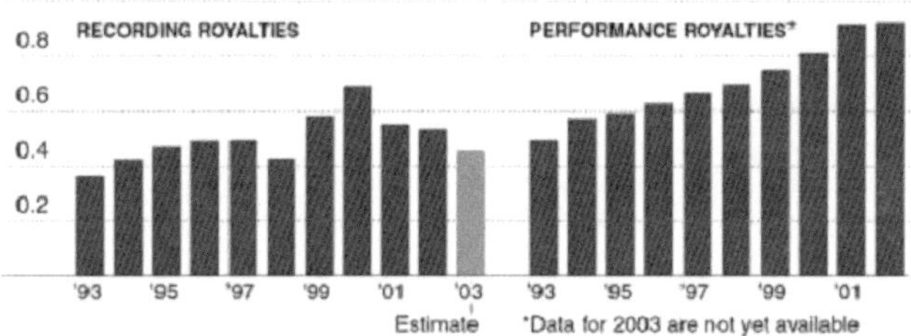



2004년 1월 25일자 「뉴욕타임즈」의 도표 기사. 이에 따르면 음반 판매의 감소에도 불구하고 음악 사용처의 급증으로 창작자들의 수익은 줄어들지 않고 오히려 상승하는 중임을 알 수 있다. 또한 2005년의 자료에 의하면 미국의 저작권협회는 2004년 1년 동안 전년도 대비 15%의 수입 증대를 통해 사상 최대의 저작권 사용료를 징수했다.

자국에서보다 저작권의 힘이 상대적으로 허약한 여타의 나라들에서의 성장률이 훨씬 높게 나타나는 것이다. 이러한 논리는 세계 음반 시장의 성장 속도를 통해서도 확인할 수 있다. '불법 복제 천국'이라는 중국이 세계 음반 시장의 부흥을 선도하고 있는 반면 불법 복제에 대한 통제가 가장 효과적으로 이루어지고 있다는 일본의 음악 시장이 하락을 주도하고 있는 것은 주목할 만한 현상이다.

이와 같은 현상은 우리나라의 경우에도 마찬가지로 드러나고 있다. 저직권협회에 따르면 지난 2004년 한 해 동안의 전체 저작권 수입이 경제 불황에 기인한 소비심리 위축에도 불구하고 폭발적인 성장을 보여 주었다. 이러한 현실들이 가르쳐주는 교훈은 모두 똑같다. 합법, 불법을 떠나서 대중들이 누

## 음악저작물 분배 금액 작년 대비 19% 증가(11월 현재)

협회 2004년도 음악저작물사용료 월별 분배계획(안)에 의거 국내 음악저작물 및 국외 음악저작물에 대한 분배가 11월말 현재 3백3십2억여원에 이르고 있다.

정상적인 분배주기의 형태를 갖는 방송(6월 6월 9월 12월), 노래방(2월 5월, 8월, 11월), 유흥/단란(본부유선, 지부유선, 철도, 항공, 호텔, 백화점, 무도장) 및 무대공연(유원시설 포함)사용료와 전송사용료(유/무선인터넷)가 월별 분배계획에 따라 분배됐으며, 2004년 11월말 현재 음악저작물 사용료의 매체별 분배내역을 살펴보면, 유흥주점사용료가 75억6천5백여만원이며, 단란주점사용료 30억1천3백여만원, 노래방사용료 94억5백여만원, 전송사용료가 39억7천7백여만원, 무선방송이 65억3백여만원, 무대공연(본부, 지부) 5천8십여만원, 본부공연사용료(항공, 철도) 1억8백여만원, 지부공연사용료(호텔, 백화점) 21억5천2백여만원, 무도장사용료 2억2백여만원, 본부유선방송 1억4백여만원, 지부유선방송 1억4천3백여만원 등 총 3백3십2억2천8백여만원에 이른다.

이는, 지난 해 11월말 분배 집계 금액인 2백8십3억6천1백여만원보다 19%가 증가된 금액이다(2004년도 최종 분배현황은 추후 총회자료 참조).

저작자들의 저작권 수입이 가파르게 상승하고 있음을 알려주는
한국음악저작권협회 소식지의 2004년 12월호 기사.

군가의 음악을 좋아하면 그 음악을 창작하고 연희하는 사람들은 행복해지는 것이고, 마음만 행복해지는 것이 아니라 주머니까지도 무척 행복해지게 마련이라는 이야기다. 사실 저작권이라는 것은 이러한 상황을 지켜주는 역할을 하는 것이 목적이다. 역사적으로 또 사회적으로 구축된 공공의 가치와 표현 속에서 만들어진 창작물들을 보다 많은 이들이 보다 자유롭게 누릴 수 있도록 하는 것, 그리고 그 결과 창작자들도 궁극적으로 만족스러운 자리에 설 수 있도록 사회적 합의를 잘 조절하고 이끌어 내는 것이 바로 저작권법의 참된 역할이란 이야기다. 저작권이란 창작자의 권리만을 보호할 목적으로 만들어진 법률이 전혀 아니라는 사실, 누군가는 이 소리에 갸우뚱할 수도 있겠지만 이러한 내용은 우리나라 저작권법 제1조에 깔끔하게 잘 정리되어 있다.

돌고 <sup>돌고 돌고</sup>

돌이켜보면 레코드의 테크놀로지가 변할 때마다 우리의 음악 사회도 그에 조응하여 상당한 변화를 겪어 왔음을 깨닫게 된다. 기술의 변화에 조응하는 사회의 변화라는 것이 물론 음악 사회만의 별난 특징은 전혀 아니다. 하버마스라고 하는 유명한 독일 학자의 말에 따르면, 효용성이나 생산성이 윤리적 가치를 배제하고 핵심적인 의사결정의 지침이 될 때 기술은 사회의 변화를 결정적으로 규정하는 것이라고 한다. 이런 것을 일종의 기술결정론이라고 했던가. 기술결정론의 시각이 긍정적이었든 아니면 부정적이었든 간에 정말이지 음악 사회의 변화들 중 많은 부분들은 기술적 변화 과정으로부터의 인과관계를 통해 해명될 수 있다. 심지어는 텍스트 자체와 창작자의 머릿속 복잡한 생각들까지도 말이다.

반면에 재미있는 것은 음악 테크놀로지 발전의 목표가 언제나 하나의 방향이었듯이, 즉 보다 쉽게, 보다 편리하게, 보다 실감나게 음악을 듣기 위함이라는 불변의 목표가 있었듯이 그에 따르는 여러 가지 음악 사회적 변화들도 특정한 방향성을 띠고 있었다는 점이다. 그리고 그 변화의 흐름은 직선적인 방향과 나선적인 방향을 두루 표출해 왔다.

뮤지션의 사회적 지위에 관해 이야기하자면, 음반이나 방송과 같은 새로운 음악 미디어의 등장 덕택에 뮤지션의 사회적 처지는 크게 개선되었다. 이전과 비교할 수 없는 전파력을 지닌 미디어들의 등장으로 뮤지션들은 더욱 많은 청중들을 손쉽게 상대할 수 있게 되었고 더욱 많은 팬을 얻을 수 있었다. 그들은 스타가 되었으며 스타는 더 이상 '재주넘는 곰'이 아니었다. 그보다는 오히려 '재주넘는 왕서방'에 가까운 존재로 변모하였다. 우리나라의 경우에도 음반이 대중화되어 나가면서 가수들이 스타가 되자 사람들은 오랜 세월 동안 홀대해 왔던 '무대의 천한 계집'들을 비로소 '여류 명사'로서 대접하기 시작했다. 이러한 경향은 현대에도 강화되고 있다. 다양한 커뮤니케이션 도구의 발전으로 뮤지션과 청중들 사이의 소통 거리가 점점 더 좁아지는 추세가 돌이킬 수 없는 흐름이라면 가수들의 처지가 지속적으로 상승하는 발전 방향 역시 자연스러운 흐름으로 존속하게 될 것이다.

Hi-Fi에 대한 청각적 기준도 거시적 차원에서의 상승을 거듭했다. 20세기 초반의 SP레코드의 음질은 말할 것도 없거니와 1945년에 '환상의 해상도'로 세계를 놀라게 만들었던 데카의 FFRR(Full Frequency Range Recording) 레코드 역시 기껏해야 12,000Hz 정도의 해상도로, 매우 저열한 카세트의 음질에도 이르지 못한 수준이었다. 그러나 당시 사람들은 이 정도의 해상도에도 '이 세상의 모든 소리(Full Frequency)'라며 흥분을 감추지 못했다. 그러니 당시의 그 누구라도 레코드를 들으면서 그걸 실제 라이브 음악의 질감과 비교를 하려 했다면 그때는 아도르노와 똑같은 이야기를 할 수밖에 없었다. 역으로 천하의 아도르노라 하더라도 요즘의 Hi-Fi 환경에서 레코드를 들었다면 아마 그때와는 다른 말을 할 수 밖에 없었을 것이다. 물론 단순한 수치를 토대로 CD나 MP3의 44,100Hz라는 해상도가 15,000Hz 전후의 해상도를 지니고 있던 LP보다 무조건 좋은 음질을 가지고 있다고 말하는 것은 무리가 있다. 그러나 192,000Hz의 해상도를 예고하고 있는 차세대 오디오들에 이르면 LP와의 소모적인 음질 논쟁도 거의 마감될 것으로 보이며 Hi-Fi에 대한 청각적 기준 역시 또 한번의 기다란 상승을 이루어낼 것으로 여겨진다.

앞의 이야기들이 '비교적 직선적'인 변화 과정을 논하는 것이있다면 다음의 이야기들은 '비교적 나선적'인 변화 과정에 대한 것들이며 이 책에서 여태까지 중심적으로 다루었던 내용이기도 하다. 역사는 반복된다는 주장과 진보한다는 주장이 공존하는 것처럼, 오늘날의 음악적 환경을 둘러싼 많은 논란들은 지난날의 경험을 반복하고 있으며 또한 지난날의 경험은 그 말미에 대중들의 권리가 향상되는 쪽을 향해 걸어간 발자취를 역사라는 이름으로 기록해 두고 있는 것이다. 이미 살펴본 바와 같이 대표적으로 라디오가 그렇다.

오늘날 등장하여 수많은 논란을 낳고 있는 '온라인'은 지난날 '온에어'에서 벌어졌던 논란이 나선형의 운동을 통해 다시 우리 앞에 나타난 것이다. 지금 온라인에서 흘러 다니는 음악들을 두고 일부 사람들은 '불법' '공짜'라는 딱지를 붙이기에 여념이 없지만 라디오와 TV의 음악에 대해서는 아무도 불법과 공짜라는 비난을 퍼붓지 않는다. 지난날 오랜 논쟁과 다툼 끝에 공짜 음악을 허용한 결과 대중들이 음악적 풍요를 얻게 되었음은 물론 뮤직 비즈니스도 더 비약적인 성장을 거둘 수 있었기 때문이다. 카세트의 경우도 그랬다. 앞에서 살펴보았다시피 MP3의 이마에 찍혀 있는 '불법 복제'라는 일방적인 낙인은 과거 카세트에게 찍혀 있던 바로 그 낙인의 '복제품'이다. 음악 테크놀로지의 발전은 소비자들의 자유로운 편집과 소규모 비상업적 유통이 가능하게 했고 업자들은 그러한 테크놀로지에 족쇄를 채우기 위해 다양한 린치를 가하고 근거 없는 비난을 퍼부었으며 '불법 복제'라는 검붉은 낙인을 찍어댔다. 그러나 이미 앞에서 말했듯, 카세트 덕택에 일국적 차원에서는 언더그라운드가, 지구적 차원에서는 비서구 세계의 음악이 성장할 수 있었다. 카세트에 대한 이러한 기억들은 자유로운 복제가 결과적으로 다양한 음악의 생성과 발전을 통한 전

지구적 음악적 풍요를 가져다 준 것임을 말해 준다.

　지난날을 잘 돌아보면 남다른 혜안을 지녔던 뮤지션들과 음악업계 종사자들이 있었다. 이들은 대개 당시의 레코드 미디어 및 각종 음악 관련 테크놀로지들을 잘 이해하고 그 흐름과 훌륭한 조화를 이루어낸 이들이었다. 지금 우리에게는 어떤 혜안이 필요할까? 지난날 우리의 먼지 뽀얗게 쌓인 기억 속에 그 해답이 있다. 과거 라디오의 역사를 기억해내면 오늘날 온라인에 대한 현명한 해법이, 카세트의 역사를 생각하면 오늘날 MP3에 대한 현명한 해법이 무엇인지를 대강 짐작해 볼 수 있을 것이다. 거시적으로 볼 때 역사의 진보 혹은 대중들의 풍요로운 삶의 확장이라는 직선적인 흐름에 거스르지 않고 조화를 이루는 일에서부터 시작되는 것, 그것이 그 해법의 출발점이 될 수 있을 것이다. 이러한 출발점의 선정은 돌고 도는 역사 덕택에 가능한 것이며 돌고 도는 역사는 우리의 시행착오를 최소화할 수 있도록 옆에서 계속 도와줄 것이다. 다만 안타까운 것은 그렇게 항상 돌고 돌아감에도 불구하고, 그렇게 늘 반복되어 왔다는 것을 모르지 않음에도 불구하고 너무 많은 일들이 망각 속에서 반복되곤 한다는 점이다. 그렇다면 이것도 돌고 도는 것이려나.

**소리의 문화사** 축음기에서 MP3까지

초판발행 2005년 9월 10일 | 2쇄발행 2007년 10월 20일
지은이 김토일
펴낸이 심만수 | 펴낸곳 (주)살림출판사
출판등록 1989년 11월 1일 제9-210호

주소 413-756 경기도 파주시 교하읍 문발리 파주출판도시 522-2
전화번호 영업·(031)955-1350    기획편집·(031)955-1357
팩스 (031)955-1355
이메일 salleem@chol.com
홈페이지 http://www.sallimbooks.com

ISBN 89-522-0427-1  04080
       89-522-0096-9  04080 (세트)


* 잘못된 책은 구입하신 서점에서 바꾸어 드립니다.
* 저자와의 협의에 의해 인지를 생략합니다.

값 9,800원